Las Mil y Una Novias de Josaphat

Las Mil y Una Novias de Josaphat

de Josaphat

"El catálogo de las novias de México del siglo XX"

Alfonso Martínez Guerra

Número de Control de la Biblioteca del Congreso de EE. UU.:   2011933276
ISBN: Tapa Blanda   978-1-4633-0292-4
                   Libro Electrónico   978-1-4633-0291-7

Para pedidos de copias adicionales de este libro, por favor contacte con:
Palibrio
1663 Liberty Drive, Suite 200
Bloomington, IN 47403
Llamadas desde los EE.UU. 877.407.5847
Llamadas internacionales +1.812.671.9757
Fax: +1.812.355.1576
ventas@palibrio.com
349493

ÍNDICE

1	PRÓLOGO	
5	INTRODUCCIÓN	
15	CAPÍTULO I	MIRANDO OTROS HORIZONTES
19	CAPITULO II	LA PARTIDA
37	CAPÍTULO III	POR FIN ROCHESTER
47	CAPITULO IV	EL REGRESO A LA PATRIA
57	CAPITULO V	POR EL GUSTO DE SER FOTÓGRAFO
63	CAPÍTULO VI	EL MATRIMONIO, BASE DE LA FAMILIA Y DE LA SOCIEDAD
67	CAPÍTULO VII	EL VESTIDO DE NOVIA
71	CAPÍTULO VIII	LOS TIEMPOS BÍBLICOS
75	CAPÍTULO IX	EL BLANCO EN EL VESTIDO DE NOVIA
79	CAPÍTULO X	UNA MODA PARA CADA ÉPOCA
83	CAPÍTULO XI	LOS CAMBIOS
91	CAPÍTULO XII	HABLANDO DE BODAS Y CURIOSIDADES
99	CAPÍTULO XIII	LAS NOVIAS DE PUEBLA
113	CAPÍTULO XIV	LAS BODAS EN MÉXICO
119	CAPÍTULO XV	LAS FIESTAS DE BODAS EN MÉXICO
127	CAPÍTULO XVI	LAS TORNABODAS
129	CAPÍTULO XVII	LAS DESPEDIDAS
131	CAPÍTULO XVIII	LAS BODAS EN OTROS PAÍSES
153	CAPÍTULO XIX	LAS BODAS PACTADAS. UNA DEL NORTE
161	CAPÍTULO XX	UNA DE GRIEGOS
181	CAPÍTULO XXI	LA VANIDAD, MOTOR DE LA MODA
183	CAPÍTULO XXII	LA MUJER MEXICANA CAMBIA

DEDICATORIA

A la mujer mexicana, noble, digna, piedra angular de las transformaciones sociales de nuestro país, que con valentía y decisión nos ha dado a través de la historia el toque de fortaleza y alegría, la mejor cara del pueblo de México.

A las novias en el día de su boda.

Al maestro de la lente Josaphat Martínez, que con talento y creatividad artística nos ha dejado un legado fotográfico invaluable, fiel testigo de los cambios que se dieron en casi un siglo.

A Rosario, su esposa y compañera, representante genuina de lo bueno que México tiene, que con acendrado sentido del honor fue siempre promotora y ejemplo de las causas nobles.

A mis hermanos, que inspirados en la conducta y actitudes de una pareja ejemplar, formamos una familia unida y solidaria.

A Beatriz, mi esposa, soporte invaluable en mis luchas profesionales, políticas y de altruismo. Siempre alentándome, siempre a mi lado.

A mi hija Beatriz, que por si fuera poca la inmensa felicidad que con su presencia nos dio, nos ha colmado de ella con los tres nietos que llenan de dicha nuestro hogar, con la satisfacción de saber que tienen en Mario, a un esposo y padre, responsable y protector.

ALFONSO MARTÍNEZ GUERRA

PRÓLOGO

Resulta imposible imaginar a la humanidad con los avances y desarrollo tecnológico en todas las ciencias y ramas del conocimiento logrados, sin la fotografía.

Es más, la fotografía, desde su descubrimiento y desarrollo a partir del primer tercio del siglo XIX, fue un catalizador de los procesos evolutivos del hombre en todas las áreas, desde la artística hasta la científica pasando por el amplio espectro de sus actividades cotidianas.

Hay que recordar un poco la historia para darle el realce que se merece ése gran invento que cambió a la humanidad.

Cuando Colón llegó a suelo americano, además de los escribanos que viajaban con él para narrar hasta el último detalle de lo que sucedía en aquel trascendental viaje, también vinieron dibujantes que reproducían todo lo que miraban, de manera que a su regreso a España, la realeza y su grupo de doctos y eruditos en la materia pudieran, gracias a textos y dibujos, entender mejor los sucesos del viaje, tomando así las más acertadas decisiones con respecto a las tierras descubiertas y sus moradores.

Y así como Colón, dos siglos antes de su odisea, el mismo Marco Polo en su célebre viaje a China, a su regreso a Europa pudo extender más su narración gracias a los dibujos que se hicieron de aquellas exóticas tierras y los escenarios de su largo viaje. Y para no ir tan lejos, el conquistador Cortés a su llegada a lo que ahora es Veracruz, pintó paisajes y gente, lo que a su vez los mensajeros de Moctezuma hicieron de navíos e invasores para poner de relieve como siempre ha sucedido en la historia de que "una imagen vale más que mil palabras".

1

Por eso la humanidad entera le dio la bienvenida, apoteósica, bien merecida, en los inicios del siglo XIX, a la fotografía. Por fin, el hombre pudo detener a través de las imágenes captadas por un juego de lentes y un proceso de sales sensibles a la luz, el tiempo.

Sí, aquella imagen, indiscutiblemente fugaz e irrepetible podía quedar plasmada para la posteridad no solo como un recuerdo o testimonio de un hecho real, sino como un motivo de regocijo de amor entrañable por nuestros ancestros o amigos idos, o por el placer estético que representa una bella panorámica o escenario natural para reconfortar el espíritu.

De igual manera, admirar fotos de personas de otras épocas para apreciar el paso del tiempo, los cambios en la moda, y lo más valioso, la disposición humana para posar ante la cámara en alguna fecha memorable, que con su sola expresión y en el modo de vestir, nos relata la importancia del momento.

Llama la atención la mujer vestida de novia de quien históricamente se dice que se ve más bella aún en el día de su boda, que por su mirada y sonrisa ante la lente, en el lenguaje no hablado de las expresiones, nos dice todo.

Y ya que hablamos de la mujer, hagámoslo con el reconocimiento y admiración hacia la mujer mexicana, que es nuestro tema, el de las "Mil y una Novias de Josaphat", que posaron ante la cámara del maestro de Puebla, Josaphat Martínez, que dentro del contexto social e histórico de México, fueron las representativas de los cambios que se dieron en el siglo XX en pos de la equidad de género para dar como fruto a la mujer moderna de la actualidad, buscando y logrando con creces los espacios merecidísimos en la ciencia, la tecnología y la política.

Orgullosamente vemos a la mujer ejecutiva dirigiendo un gran número de empresas y actividades de primer nivel en todas las áreas de la actividad humana. Pero el origen, la semilla de tantos cambios se dio en el siglo XX con las generaciones coincidentes con las novias de la presente obra.

Al principio, tal vez lentamente, empezaron a ocupar los espacios que ellas mismas abrieron con su talento y empuje, en las ciencias biológicas, medicina, leyes y docencia, creando innegablemente el parte aguas social de la mujer.

Atrás quedó la mujer sumisa y vergonzosamente relegada para darle el paso a la mujer moderna, visionaria y emprendedora.

Las fotos de Josaphat nos permiten apreciar algo de ello. Su presencia ante la cámara nos revela una imagen diferente, venturosamente distinta que ya no corresponde ni al abandono ni a la sumisión.

Más bien nos habla del orgullo femenino que empieza por su elegancia en el vestir y en su propia expresión que denotan seguridad y belleza.

De Josaphat, que es el personaje artístico de la obra, que hizo gala de su talento para plasmar la belleza femenina en el día de su boda, enriqueciendo aún más su bagaje fotográfico, invaluable y rico, se puede decir que no obstante de haber presenciado y sufrido una etapa bárbara y violenta, la Revolución Mexicana, tuvo los arrestos suficientes para que en medio de balas y bombas, fusilamientos y ahorcamientos brutales cuanto injustos, viajar a Rochester, N.Y. para estudiar procesos fotográficos y superarse como profesional.

Las vicisitudes que experimentó en aquella aventura americana, tuvieron como corolario un valioso triunfo y merecida recompensa al ser premiado y galardonado en eventos fotográficos importantes como la Medalla de Oro en la Exposición Universal de St. Louis Missouri, Gran Premio en el Concurso Internacional de Fotografía en Río de Janeiro, además de otros premios más, nacionales e internacionales.

Foto 1. General Porfirio Díaz

Pero haciendo eco y darle validez al concepto ya señalado de que "más vale una imagen que mil palabras", los invito a ver las novias mexicanas en el día de su boda, "Las Mil y una Novias de Josaphat"

INTRODUCCIÓN

Año de 1903, ciudad de Puebla de los Ángeles, llamada también de Zaragoza en honor de la famosa batalla del 5 de Mayo de 1862 en que las armas mexicanas bajo el mando del general Ignacio Zaragoza, se cubrieron de gloria al derrotar a las fuerzas de ocupación del ejército francés, supuestamente el mejor del mundo de la época. La gente disfrutaba la llamada "paz porfiriana" sintiendo de que todo era posible para bien de la patria. Atrás quedó un siglo de calamidades y guerras, empezando por la de Independencia, siguiéndole el Primer Imperio, la cruenta y dramática pérdida de más de la mitad de nuestro territorio apenas concluido el primer tercio del siglo XIX.

Siglo de traiciones, invasiones, desajustes sociales y políticos, pero era cosa del pasado que se veía ya como algo lejano y distante. Ya era historia.

En cambio, iniciando la nueva era, la del nuevo siglo, el de las invenciones, innovaciones y descubrimientos científicos y médicos, con más de dos décadas de un gobierno fuerte y con sólidas estructuras que transformaba, por fin, a México con extensísimas líneas ferroviarias y telegráficas que comunicaban a todo un país que hacía unos cuantos años sólo tenía caminos de tierra y veredas en pésimas condiciones sobre todo en época de lluvias, llenaba ahora de esperanza a propios y extraños,

Foto 2. Cerveceria Cuauhtémoc. Monterrey, N.L.

Foto 3. Banco Mercantil De Monterrey

sorprendidos todos de los cambios y desarrollo industrial y agrícola que experimentaba el país, que ya era visto con respeto y admiración en el concierto de las naciones que apenas dos décadas atrás nos veían con lástima por tantas penurias que sufrió la nación.

Se anticipaba con júbilo la celebración del primer Centenario de la Independencia Nacional con un alud de obras a lo largo y ancho de México, que, coincidiendo con el entusiasmo por el nuevo siglo, Don Porfirio Díaz inauguraba teatros, plazas, bibliotecas, puentes y avenidas que embellecían muchas ciudades que con sus nuevos monumentos y obras daban en su conjunto el aspecto de una nación próspera y con brillante futuro.

La iniciativa privada encontraba un terreno fértil para emprender negocios y abrir nuevas fábricas que generaban empleos a una sociedad empobrecida por la falta de inversiones que con todos sus defectos, permitía ya nuevas expectativas de desarrollo.

En ése año y en ése ambiente, un joven poblano se iniciaba como ayudante de fotógrafo en un estudio situado justo frente a la bella catedral de Puebla.

Un ayudante de fotógrafo es el encargado de las faenas de limpieza y las cosas más simples como mantener el orden y mobiliario y equipo en su lugar. Acomodar los reflectores atendiendo las instrucciones y órdenes del jefe, apagando unos, encendiendo otros y dirigirlos adonde le indiquen.

Poco después se le empiezan a soltar las riendas lavando y secando las fotografías, cortarlas y ordenarlas para su entrega al público.

Posteriormente y en contadas ocasiones se le permite participar un poco más, pero hasta ahí. No era fácil conocer los secretos de todo el proceso. Era entonces "top secret", recordando de que apenas se cumplían cincuenta años del inicio de la fotografía y de que ni soñando había una escuela en dónde estudiar y aprender,

7

Foto 4. Zócalo de la Ciudad de México

Foto 5. Calle del 5 de mayo. México, D.F.

de manera que el que quisiera saber algo, tenía que buscar quién lo aceptara como "muchachito mil usos" e ir conociendo poco a poco los procesos fotográficos habida cuenta del celo natural del patrón, generalmente renuente a mostrar sus conocimientos, producto de su experiencia.

Sin embargo para Josaphat Martínez, el nombre de aquel jovencito aprendiz, eso no fue un obstáculo para avanzar en cuanto a los conocimientos fundamentales de la fotografía y sus respectivos procesos de revelado y fijado.

Él se dio las habilidades para considerarse un aprendiz con alas para volar en el fascinante trabajo de la fotografía pues las lagunas que le quedaban del proceso que casi de reojo advertía, las iba llenando por deducción como el funcionamiento de la amplificadora que a escondidas advertía que para tener una imagen clara y nítida al momento de proyectarla sobre la superficie en donde se coloca el papel fotográfico, debía correr la cremallera en un punto exacto, ni más arriba ni más abajo para ponerla a foco.

Conocía ya empíricamente el proceso pero consideraba imprescindible meterse a fondo y estudiar el por qué de las cosas en ése arte. Las habilidades las tenía pero existía también la saludable ambición por superarse y trascender con algo que él sabía poder llegar lejos con estudios y dedicación. Sentía una gran confianza y mucha fe en lo que hacía y soñaba, tal vez hasta lo presentía.

En la actualidad en fotografía no se requiere saber lo que significan los tiempos de exposición, abertura de diafragma, sensibilidad o profundidad de campo, por mencionar algo. Las modernas cámaras digitales hacen todo eso por nosotros, piensan y actúan para entregarnos excelentes fotos. Hace cien años el fotógrafo requería muchos más conocimientos para ser competente.

Josaphat trascendió porque se preparó, porque se esforzó y dejó a final de cuentas un tesoro artístico de siete décadas.

Foto 6. Catedral de Puebla

A su muerte, Rosario, mi madre, su compañera y esposa, me confirió la responsabilidad de salvaguardar ese vasto material, negativos, fotografías y oleografías de todos tipos y tamaños que hablan por sí mismas de nuestra historia, de la evolución y cambios que sufrió la sociedad mexicana con disposiciones y variantes en el vestir que nos revelan muchas cosas del siglo XX.

Aunque ese material le "pertenece" moralmente a la ciudad de Puebla, a fin de preservar tan delicado material, lo trasladé a mi ciudad adoptiva, Monclova, Coahuila, ciudad industrial del norte de México, primer centro productor de acero del país y uno de los más importantes del Continente en la industria metal mecánica, ubicado a doscientos kilómetros al sur de la frontera con los Estados Unidos, lugar en donde resido desde que egresé de la Universidad Nacional Autónoma de México con el título de Médico Veterinario Zootecnista. Al profundizarme en la calidad y trascendencia del material de mi padre, consideré injusto almacenarlo solamente y esperar a que las circunstancias para exhibirlo se fueran dando solas y caer personalmente en el triste papel de la indiferencia. Es por ello que me dediqué a escribir algo de la vida de Josaphat, mi padre, no solo por narrar parte de su interesante vida y la histórica etapa en que se desenvolvió y se dieron los dramáticos sucesos que cambiaron el curso de la nación, sino para exponer algo de su valioso trabajo artístico en la fotografía que capta a la sociedad del México de casi todo el siglo XX.

Se trata en fin, de dos obras que narran algo de la vida de un buen mexicano exitoso y ejemplar que trató y plasmó en sus placas para siempre, a muchas personas de México y Estados Unidos que posaron para su cámara y dejaron entre todos una herencia artística para admirar y disfrutar.

En uno de los libros, "Josaphat, un Fotógrafo entre dos Mundos", la narrativa, de parte de su vida y su espléndida aventura americana en que a escasos cuatro años de haber fotografiado en tomas de estudio a los principales caudillos de la Revolución

Foto 7. Ferrocarril a Veracruz

Foto 8. General Francisco Villa

y por lo tanto protagonistas de los acontecimientos políticos y sociales más importantes de la época en México, allá en los Estados Unidos logró lo mismo con los personajes relevantes de la política, las finanzas y de los grandes consorcios. Las propias fotos, lo valioso de la obra, nos permiten escudriñar mucho de tan fascinante etapa de la historia.

El segundo libro, el de las novias, surgió por la gran riqueza del material fotográfico que nos legó Josaphat, que como un gran admirador de la belleza femenina, fundamentalmente a la mujer vestida de novia en el día de su boda, en que el fotógrafo, coincidiendo con poetas y artistas de todos los géneros, argumentaba que si hay mujeres bellas, lo son más vestidas el día de su boda.

La expectación y gusto de la gente cuando he presentado exposiciones fotográficas de novias no deja lugar a dudas de que es un género fotográfico que por naturaleza propia invita a exhibir más. Aunque fue para mí un verdadero reto escribir sobre el tema por involucrarme en un terreno que francamente no es el mío. Mi actividad profesional me ha llevado permanentemente a otros escenarios diametralmente diferentes, en que por lo rudo y con frecuencia peligroso, se presta más bien a la narrativa de acontecimientos y experiencias muy interesantes y de mucha acción y riesgos como tratar especies animales sumamente peligrosas y agresivas capaces de matar en un segundo al menor descuido como ha sucedido con muchos de mis compañeros dedicados a la profesión de atender los problemas de los de "cuatro patas", que a veces llegan a pesar hasta una tonelada o más, así como las especies de zoológicos y circo que resulta arriesgado atenderlos.

En algunas ocasiones me he extraviado en zonas desérticas y montañas, aventuras que están hechas a la medida para narrarlas con la seguridad de no aburrir a nadie, pero hablar de novias es otra cosa. Sin embargo, al meditar en lo valioso e interesante del tesoro artístico fotográfico de Josaphat, tuve que vencer mi quizá ridícula resistencia para abordar el tema de las novias,

Foto 9. El General Francisco Villa a su arribo a la Ciudad
de Aguascalientes

los enamoramientos y todo aquello que desemboque en las bodas y darle oportunidad a todos los que quieran admirar tan bellas fotografías de casi un siglo de plasmar en placas a la mujer hecha arte, las" Mil y Una novias de Josaphat".

CAPÍTULO I

MIRANDO OTROS HORIZONTES

Desde antes de la revolución, Josaphat manejaba cámaras, material y equipo fotográficos fabricados en Europa y Estados Unidos. Soñaba en conocer los procesos de producción y de alguna manera enterado estaba de que en Estados Unidos, específicamente en Rochester, NY, impartían cursos de fotografía avanzada y sistemas de producción, para que los futuros fotógrafos se metieran a fondo y conocer las entrañas de la misma, entender los detalles de la ciencia y arte de detener el tiempo a través de una placa y dejar para la posteridad figuras y rostros, luces y sombras, momentos irrepetibles que aumentarán su valor mientras más pasa el tiempo dando la oportunidad a las generaciones venideras de conocer escenarios pasados y por supuesto, abuelos y ancestros ya desaparecidos. Esa es la esencia y espíritu de la fotografía.

¿A quién no le gustaría conocer a los abuelos cuando eran niños, o bien, el día de su boda?.

El maestro Josaphat, tenía la ilusión, como algo lejano, conocer algún centro de alta enseñanza fotográfica y tomar un curso sobre aquella actividad que florecía como nunca y auguraba un gran porvenir a quien, además de tener talento para ejercerla, estuviera bien preparado y con los fundamentos de la fotografía profesional.

Foto 10. Multitud en torno al tren del General Francisco Villa

A principios del siglo XX se vivía una etapa renovadora, de esperanza, con la convicción de que con el siglo que se dejaba, se quedaba atrás una época de guerras, de enfermedades y calamidades, pero también llegaban nuevos inventos tecnológicos y la ciencia experimentaba grandes avances. Hay que recordar a un Alejandro Graham Bell con aquel "raro aparatejo" que permitía escuchar la voz a distancia, a un Thomas Alva Edison con su bombilla eléctrica que dejaba estupefacta a la humanidad por la posibilidad de iluminar al mundo con aquello que se llamaba electricidad, cuyos secretos se iban disipando poco a poco.

Ya era posible la comunicación a grandes distancias gracias a Marconi y la ciencia médica le daba la bienvenida a los trascendentales descubrimientos del gran Robert Koch, Luis Pasteur y Reed, glorias de la medicina de todos los tiempos, entre muchos otros de la época, que permitían quitarle la venda negra e impenetrable a la humanidad para demostrar que muchas enfermedades que desde siempre persiguieron y asolaron a las civilizaciones de todos los continentes a través de la historia, no eran producto de la ira divina ni de la casualidad.

Los grandes descubrimientos médicos y bacteriológicos tenían por fin una fundamentación científica y comprobable que además de disipar dudas milenarias, le abría paso a nuevos y sorprendentes hallazgos que a la postre, mejoraban la salud del hombre y le ayudaban a evitar catástrofes sanitarias.

Mucha gente de México y el mundo vivía aquel entusiasmo por lo nuevo y despertaba en ellos el espíritu por ir tras él como si se tratara de una corriente de pensamiento que contagiaba a todos, también, por qué no, en pos de la aventura. Todo lo bueno podría esperarse del nuevo siglo, aún en el México colapsado por la revolución en que se tenía fe de que aquel desastre fratricida apuntaba a tiempos mejores. Sentían que tocaban fondo y nada peor les podía pasar de lo que ya padecían y como siempre ha sucedido a través de la historia,

Foto 11. La Partida

de ahí en adelante sobreviven los pueblos y surgen cosas nuevas y oportunidades mejores, empezando con la paz, que ya era gran ventaja.

CAPITULO II

LA PARTIDA

En aquellas circunstancias, parte convicción y deseos de superación y espíritu aventurero, una a una se fueron dando las condiciones para que el joven fotógrafo tomara la difícil decisión de viajar a Nueva York.

En la actualidad, ir a esa ciudad u otra aún más lejana, gracias a la aviación moderna y las facilidades que se dan ahora, resulta fácil decidirse a hacerlo, pero en aquella época, hace casi un siglo, resultaba muy complicado ir tan lejos con travesías marítimas de semanas y además, viajar en México, infestado de guerrilleros de las diferentes facciones revolucionarias que andaban todos alborotados, tal y como poco antes lo pronosticó don Porfirio "ya se soltó el tigre, ahora a ver quién lo agarra".

La Convención de Aguascalientes le dejó a Josaphat la decepción de un fracaso político al no ponerse de acuerdo los actores de los grupos revolucionarios para decidirse por alguno de ellos y respetarlo y apoyarlo de manera unánime como presidente de México y terminar así con la encarnizada lucha por el poder.

Por otro lado, le dejó muy buen dinero al recibir la paga por las fotografías de los revolucionarios, entre ellos la generosa del legendario Pancho Villa relativa al gran número de fotos que se

Foto 12. La Habana

mandó hacer, pagado todo con monedas de oro y plata, dándose las circunstancias, para viajar a Nueva York, habida cuenta del prestigio histórico de las monedas mexicanas que eran garantía de aceptación en cualquier lado. Qué paradojas de la vida, en ésa época cruenta para el país, resultaba más fácil cambiarlas y usarlas en cualquier transacción afuera que dentro de México.

Muy pronto llegaron los días aciagos para los mexicanos en que ni con dinero era posible comprar cosas, fundamentalmente alimentos, los que si acaso se conseguían era a base de trueque.

Ya sólo faltaba a Josaphat echarle valor al asunto y sobreponerse al miedo de viajar de Puebla a Veracruz, esperando que las vías férreas no estuviesen destruidas en ese trayecto o que algún generalazo, armado hasta los dientes, al mando de un grupo de rudos y brutales hombres como él, tomara como era frecuente, alguna decisión salvaje y matar pasajeros a diestra y siniestra por cualquier motivo o en el mejor de los casos, como era muy común, y sigue siéndolo en la actualidad con muchos cuerpos policíacos, robar a los que se les atravesasen.

Eran momentos tan brutales, que todas las facciones en conflicto, desconfiando todos de todos, con la bárbara filosofía de que aquello que se moviera frente a esos primitivos y rudos hombres y que fuera desconocido por ellos o que careciera de salvoconductos firmados por sus superiores, sería considerado enemigo y por lo tanto ahorcado del poste o árbol más inmediato, sin ser escuchado y sin misericordia.

Pobre de aquel que presentara un oficio o papel firmado por una facción distinta a la de aquellos salvajes porque en el breve paso de su aprehensión al punto del ahorcamiento, era tratado con fiereza a base de patadas y culatazos, llegando casi muerto para serle colocada la soga fatal.

Foto 13. Estatua de la Libertad, N.Y.

Josaphat decidió afrontar los riesgos y una vez que dejaba a su familia protegida con los recursos suficientes, inició su odisea.

La ruta más adecuada para viajar a Nueva York, y tal vez la obligada, era la de Puebla a Veracruz por tren y de ahí abordar algún vapor vía La Habana.

Así, después de un trayecto por ferrocarril no exento de sustos y momentos de inquietud y suspenso cada vez que se detenía el tren, por fin pudo arribar al puerto con el optimismo y alivio que da el llegar bien y ahora sí, con la seguridad de poder emprender el viaje por barco

Acercarse a un navío de enormes dimensiones como los vapores de finales del siglo XIX, es impresionante y lo es más cuando se abordan sabiendo que el viaje sería de un par de semanas. En ésa época existían varias rutas marítimas que llegaban a Veracruz y una de las más conocidas zarpaba de puertos españoles tal y como lo fue desde la Colonia en que hubo constante comunicación con el más importante virreinato, el de la Nueva España.

Todavía gravitaba en la mente de muchos pasajeros en viajes marítimos, los tristes recuerdos del dramático naufragio del Titanic ocurrido un par de años atrás, y para Josaphat ése hecho lo impresionó como a todo México a pesar de la revolución y sus muertos.

Ahora, esperando su turno para abordar, no tenía en mente otra cosa que zarpar e iniciar la aventura de su vida en los Estados Unidos. La emoción lo embargaba pensando que ya fuera de los peligros de las gavillas y uno que otro revolucionario alborotado, no quedaba más que conocer lo que era un viaje por mar, siempre excitante, y llegar a La Habana para respirar un poco el aire de una nación en paz como un merecido descanso previo a su encuentro con lo que antes veía como un sueño casi imposible de realizar.

Foto 14. Nueva York

La Habana siempre ha sido impresionante cuando se le avista desde el mar. El Morro, antigua fortaleza estratégicamente ubicada en un promontorio que domina la hermosa bahía, daba la bienvenida a los viajeros que llegaban.

Cómo es diferente un país ordenado y en paz, diría Josaphat. No solo es bella la entrada con un mar de azul intenso teniendo como fondo los ordenados y bellos edificios que dan al malecón. La alegría de la gente era palpable con su música tropical por todos lados como si estuvieran en una fiesta permanente y viéndolo bien así es Cuba, una fiesta permanente. Tal vez se le hizo más alegre el ambiente de la fama de los cubanos, reconocida mundialmente, pero era el caso de que la tranquilidad que se respiraba comparada con la angustia de un pueblo en guerra, la hacía más patente.

¡ Ni qué decir de la ciudad una vez que se adentró en ella !. Sus calles limpias y ordenadas del centro y sus elegantes edificios bien alineados que recuerdan en algo los de Wall Street, además de que ese sector era hasta antes de la revolución castrista el corazón de las finanzas y los grandes negocios azucareros y tabacaleros que han caracterizado a Cuba, otra de las razones para admirar al país que iba viento en popa en su economía. Todo era alegría y prosperidad que se respiraba en aquella atmósfera de paz y orden.

Los parques y arboladas avenidas de la periferia penetraban profundo a los pensamientos de Josaphat, sometido ya a sentimientos encontrados. Por un lado el gozo que siempre lo caracterizó por la admiración de las cosas bellas y ordenadas, y por el otro, los recuerdos de la patria empobrecida y desgarrada por la revolución sin la esperanza ni certeza de que ésta llegara pronto a su fin.

Los pocos días que estuvo en la ciudad bastaron para alegrarlo y estimularlo aún más para la meta que se había propuesto que

Foto 15. N.Y.

era a final de cuentas el estudio y preparación para superarse como fotógrafo. De manera que un par de días después, se encontraba navegando por el Golfo, muy próximo a salir de lleno al Atlántico.

La travesía en ese trayecto no fue del todo grata por los temporales que en momentos arreciaban y agitaban las aguas y al buque provocando náuseas e inquietud entre los pasajeros no acostumbrados a estas aventuras marítimas. Poco tiempo después entendió Josaphat sus temores cuando conoció en Nueva York a otro mexicano, casualmente de Puebla, y que también viajaba en busca del famoso "sueño americano", aunque por poco y no lo logra porque el navío en que iba, zozobró muy cerca de la costa americana pero logró llegar a nado gracias a que practicaba el atletismo y la natación, factores que le dieron una excelente condición física y fue uno de los sobrevivientes de aquel triste desastre.

Los días transcurrieron para Josaphat cada vez con más emoción sabiendo que ya estaba próximo a llegar a su destino, sin embargo, como suele suceder con el propósito de hacer algo muy importante, sorteando mil dificultades y ya a punto de llegar a la meta, ocurre algo catastrófico. Bueno, pues eso fue exactamente lo que le sucedió a nuestro personaje.

Durante los días de travesía le sustrajeron algunas de sus pertenencias, entre ellas, su dinero. Sus orgullosas monedas de oro y plata que atesoró para sostenerse un buen tiempo y cumplir su sueño, se las robaron de su equipaje, en un abrir y cerrar de ojos y nadie supo informarle ni hacer algo a su favor por parte de la tripulación. Siempre se ha sabido de ladrones que encuentran un nicho de posibilidades para cometer sus hurtos abordando barcos en largas travesías, que les dan la oportunidad de estudiar los movimientos de sus víctimas y atacar en el momento más seguro para hacerlo con éxito, por lo que resulta casi imposible descubrirlos y rescatar botines.

Foto 16. Nueva York

Tuvo que cambiar sus planes de viajar directamente a Rochester tan pronto como pudiera abordar el tren en la Estación Central, cancelando su proyecto inicial de no perder tiempo en Nueva York.

Por fin, llegó el momento, a pesar de la espesa niebla que impedía ver con claridad la célebre y famosa Estatua de la Libertad, era evidente que, recortada su silueta allá en la lejanía, se anunciaba la llegada a la ciudad de los rascacielos. No obstante la enorme contrariedad por hacerlo sin dinero, excepto los veinte dólares que guardaba en su bolsillo como amuleto desde que partió de México, la emoción de ver una ciudad tan importante como famosa con sus enormes edificios que ahora sí, ya de cerca se percibían enormes y en gran cantidad. Así es el panorama que se aprecia cuando se arriba a la bahía de la gran metrópoli por mar, disipaba mucho las preocupaciones del joven fotógrafo que en un arranque de resignación y de optimismo, tal vez el éxtasis por el escenario en que ya se encontraba inmerso y por supuesto, por el carácter recio y seguro de su personalidad, con la certeza de haber superado otros retos mucho más complicados y riesgosos en que hasta la vida le iba, concluyó que atrás quedaron las dudas e incertidumbre, ahora frente a esta gran ciudad que con solo nombrarla, subyacía el concepto de la libertad y prosperidad, la ciudad de la abundancia y las oportunidades y por lo tanto la que no le negaría los espacios por los que llegó a buscar con denuedo.

Pasar los puestos de control en los Estados Unidos nunca ha sido fácil en nuestra conflictiva y complicada, a veces dramática historia. Una cosa es el gran país en su conjunto y otra muy diferente tratarlos en lo particular, sobre todo si son guardianes de algo, como son las aduanas y como en este caso, las inspecciones sanitarias. En ambos encuentros, Josaphat salió indemne a excepción de los rostros suspicaces y desconfiados de sus entrevistadores con todo lo que se moviera con aspecto de extranjero sobre todo con el de los latinos o de otras razas

Foto 17. Estudio Rochester, N.Y. 1918

no rubias. Sin embargo, le tocó presenciar los tratos rudos con algunos grupos armenios, polacos y balcánicos, suponiendo que no reunían algún requisito o capricho discrecional, por lo que eran tratados como limosneros de manera vejatoria.

A Josaphat, realmente le fue muy bien pues era su costumbre vestir elegantemente y fue una suerte que no le robaran sus trajes que para tal ocasión se mandó a confeccionar, dejando muy bien parados a los sastres mexicanos por lo bien manufacturados y que indudablemente la presencia y buena educación obraron a su favor para no tener problemas con los caraduras inspectores, casi siempre acartonados, cuadrados, sin un resquicio por dónde sensibilizarlos.

¡Qué diferencia era el llegar a Nueva York con sólo veinte dólares cuando se traían más de dos mil¡. Aún así, en tales condiciones, lo primero y único que podía hacer, como si nada hubiera sucedido fue buscar alojamiento, descansar, meditar y planear una estrategia de sobrevivencia en medio de aquel bullicio y correr de la gente en todos sentidos como si tuvieran prisa de llegar quién sabe adónde, algo que mucho le impresionó a su arribo y que en el año de 1914 era impactante para cualquier mexicano.

Afortunadamente para él, veinte dólares por aquella época eran mucho muy diferentes al concepto que en la actualidad tenemos de tal cantidad, casi cien años después. En el Bronx había cuartos de hotel desde un dólar y medio, una taza de café tres centavos y un sándwich diez centavos, así que como fuera, había un "colchoncito" para pasarla algunos días mientras hallaba la manera de encontrar qué hacer y como se suele decir en México, "agarrar sangrita" y así reiniciar los proyectos trazados, ¡qué más daba! retrasarlos seis o diez meses más¡. Su juventud lo consolaba y le daba ánimos para dar el siguiente paso y aquí la lógica, se decía, porque si uno sabe limpiar y organizar bodegas, a buscar depósitos o negocios que las tengan, y si se sabe de ventas directas a los clientes, habrá que buscar algún negocio

Foto 18. Estudio Rochester, N.Y. 1918

Foto 19. General Álvaro Obregón

con esas características, pero si se sabe de fotografía, lógico es buscar algún estudio fotográfico que fue lo que hizo Josaphat al otro día de su llegada y lo halló muy cerca del hotel en donde se alojó.

Un empleado portorriqueño que trabajaba en aquel estudio fue su tablita de salvación. En primer lugar pudo darse a entender y algo no menos importante, la solidaridad e identidad latina se dejaron ver por la buena disposición de aquel empleado que apoyó ante el director la rápida aceptación del joven mexicano como nuevo fotógrafo. Una vez pasados los procesos de entrevistas y pruebas de capacidad, a pesar de los malos momentos de incertidumbre que lo agobiaron desde su llegada, se diluían en una nueva aventura que estaba fuera del escenario que originalmente se imaginó y ahora apuntaba para aprender inglés y como una prueba de comportamiento, adaptarse a la vida en los Estados Unidos.

El estudio en donde le dieron la oportunidad de trabajar, sin ser de altos vuelos, estaba ordenado y tenía su buena clientela. Nueva York siempre ha sido una ciudad de oportunidades y en donde históricamente se hacen transacciones y operaciones comerciales de todo tipo que gravitan en las economías de todo el mundo, de manera que las grandes compañías, universidades, escuelas, instituciones gubernamentales, todos, requerían fotografías del personal, alumnos, etc., de todos tipos y tamaños, por lo que el trabajo estaba asegurado en los estudios fotográficos.

Actualmente, en plena era digital, en donde ya está sentenciada a muerte la fotografía tradicional e histórica, las fotos comunes para credencial o pasaporte se pueden tomar en farmacias, tiendas de servicio y muchos lugares más, pero hace casi un siglo, era en los estudios y nada más que los estudios en donde se podía uno fotografiar.

Foto 20. Venustiano Carranza

Foto 21. Serie Rochester, N.Y.

Josaphat ya estaba familiarizado con el equipo que le tocó operar. Las cámaras que él manejaba en México eran idénticas, precisamente importadas de Rochester porque ni en eso tuvo que batallar y en cuanto al proceso de revelado e impresión, siendo una técnica universal, la dominaba a la perfección.

Las cámaras eran enormes y ahora las vemos como armatostes de museo. Estaban equipadas generalmente con lentes alemanas de la casa Zeiss que le proporcionaban a las fotografías una excelente definición, tal y como lo hacen ya las pequeñas pero maravillosas cámaras digitales.

Los europeos siempre se destacaron por la excelente calidad de sus lentes y fueron pioneros en el tallado y pulido desde el siglo XVII. El inglés Robert Hook, inventor del microscopio, y el holandés Anton van Leeuwenhoek, famoso pulidor de diamantes que fue el precursor de la fabricación de lentes y que, ambos, independientemente de sus descubrimientos científicos, abrieron las puertas a las ciencias médicas, biológicas, pero también a la óptica, con lo que cambió el mundo, entre todo ello con la llegada de la fotografía.

El trabajo y la seguridad económica, temporal pero al fin, contar con los recursos suficientes para sobrevivir y empezar a ahorrar, le proporcionaron tranquilidad y cada vez mayor adaptación al nuevo y estridente entorno de la gran ciudad. Pudo alquilar un cuarto con comidas muy cerca del estudio, orientado indudablemente por su nuevo amigo y compañero portorriqueño que le enseñó el ABC de la vida en Nueva York.

En tales condiciones sus ahorros iban creciendo y así se resarcía del robo sufrido en el barco, ya que sin esos recursos era prácticamente imposible hacer realidad sus estudios en Rochester. Por lo pronto, independientemente de sus logros en lo laboral, se enseñaba a vivir en los Estados Unidos y de paso aprendía el inglés básico.

Foto 22. Serie Rochester, N.Y.

Foto 23. Washington, DC

Josaphat cumplía ya casi un año de haber llegado y la tentación de quedarse a trabajar definitivamente en ése estudio era muy grande. Por un lado su trabajo era remunerado más que satisfactoriamente y por otro lo trataban muy bien y lo apreciaban como persona no sólo el director y jefe sino todo el personal y además, la clientela lo buscaba y parecía simpatizar con su plática sobre las cosas de México, de manera que las puertas del negocio quedaban abiertas por si acaso decidiera quedarse o si fracasara en su nueva aventura en Rochester.

Pudo más su firme convicción de buscar la superación personal y profesional del joven fotógrafo y su deseo de trascender en esa actividad artística. Al despedirse todos le desearon éxito y buena suerte.

CAPÍTULO III

POR FIN ROCHESTER

Rochester, la capital de la fotografía recibió bien a Josaphat donde pronto se acomodó para perfeccionar lo que empíricamente sabía. Con ilusión y gusto devoraba sus libros de texto y participaba con entusiasmo durante las prácticas en la escuela de fotografía, como cualquier alumno adolescente lo haría por distinguirse y sacar buenas calificaciones, y en el caso de Josaphat, ya adulto y por consiguiente sabedor de la importancia de que lo que avanzara en sus estudios, fructificaría en el desarrollo profesional de su actividad presente y futura.

Dicen que hace más el que quiere que el que sabe, pero cuando ambas cosas se juntan, es certificado de éxito, de tal manera que

Foto 24. Washington, DC

Foto 25. Washington, DC

pronto instaló su estudio en las mismas entrañas de la ciudad que en fotografía pudiera decirse, era la capital. Ese estudio fotográfico, además de proveerle el sustento, le sirvió para darse a conocer en un medio sumamente exigente y desconfiado fundamentalmente de todo aquello que se moviera diferente al caucásico, germano, anglo, etc.

Qué difícil en aquellos tiempos ser inmigrante mexicano en esas norteñas latitudes.

Prácticamente nadie hablaba español, de manera que Josaphat luchando en contra de todas las circunstancias que se le presentaron, tomar clases de inglés, de fotografía y lanzarse al ruedo con su modesto estudio que como decía, le permitió sobrevivir en aquella crítica etapa.

Mucho le sirvió haberse llevado algunas fotos de los revolucionarios mexicanos y colocarlas en el escaparate de su estudio.

Aunque los gringos siempre nos han discriminado, la Revolución Mexicana, el primer movimiento social del siglo XX, no solo no pasó inadvertida para ellos sino que fue un acontecimiento que cimbró las cercas de su patio trasero, provocando un interés inusitado en las sociedades de aquél país, fundamentalmente en los medios políticos y financieros.

Porfirio Díaz le abrió las puertas a las inversiones extranjeras, las más de las cuales provenían de los Estados Unidos que ahora, el país del sur, alborotado, las colocaba en riesgo y ponía en claro como fue siempre, que Estados Unidos "no tiene amigos, sólo intereses".

Curiosamente la Revolución Mexicana robó cámara en aquel entonces a lo largo y ancho de los Estados Unidos.

Unos veían un peligro latente para sus intereses, otros vieron con inquietud a un vecino en guerra, pero no sólo como simple vecino sino a uno con petróleo, con azufre, plata, zinc, cobre, etc.

Foto 26. Presidente Woodrow Wilson

Pero definitivamente, hubo quienes la vieron como una pieza folklórica, hasta cierto punto con simpatía y curiosidad.

¿Cómo no iba a llamar la atención del mundo lo que pasaba en México?

En el mundo y en los Estados Unidos principalmente, por la vecindad y por tantos y tantos hechos a través de nuestra conflictiva y cruenta historia en que al final de cuentas, para ambos nos guste o no, somos vecinos, distantes pero no tanto como para desaparecer fronteras.

A casi un siglo de los acontecimientos, aún para los mexicanos la revolución salta a la vista como un acontecimiento que en la manera como se llevó a cabo sólo podía pasar en México.

Aquellos viejos bigotones, sombrerudos, tiznados por la pólvora hasta los calzones, sucios y brutales con sus cananas en equis y su clásico rifle 30-30 empotrado en la silla de montar, pistola al cinto cargada al máximo de balas, corriendo a galope en medio de una gran gritería y sus mujeres descalzas o en huaraches las afortunadas, siguiéndolos prestas a "echar tortillas" y preparar frijoles o lo que encontraran para darle de comer a sus hombres.

Y si en medio de la refriega en alguna batalla caía alguno de ellos, agarraban de inmediato el fusil para también echar bala, aprendiendo sobre la marcha el arte de matar gente enemiga.

Ese escenario exótico para los gringos y para todo mundo, le daba a su vez un toque de morbo, de magia y fascinación por su propia rareza, de tal manera que conocían perfectamente los nombres de los principales caudillos revolucionarios.

Así, conocían muy bien a Pancho Villa, Obregón, Carranza y Zapata entre muchos otros, pero fundamentalmente a ellos junto a Porfirio Díaz y Madero. Josaphat tuvo éxito con su estudio pues

Foto 27. Serie Nueva York

Foto 28. Serie Nueva York

tenía fotos de algunos de ellos y tal vez por curiosidad primero, lo visitaban los clientes retratándose y mandando a hacer algunas órdenes, aprovechando la ocasión para ver de cerca las fotos en que habían posado aquellos legendarios hombres y sobre todo cambiando impresiones con quien los había retratado y platicado con ellos.

La fascinación que produjo la Revolución Mexicana en muchos sectores de la sociedad norteamericana, atrajo grandemente la atención de sociólogos, politólogos, historiadores y toda clase de investigadores y estudiosos de los fenómenos y acontecimientos socio-políticos de la época, pero lo que tenían al sur de sus fronteras fue algo sobresaliente, de manera que conocer a alguien que en parte la vivió y hasta logró establecer conversaciones con los más connotados caudillos a los que retrató, era sumamente atractivo.

Magnífica oportunidad para dar a conocer su talento y calidad como fotógrafo y ganarse poco a poco una clientela que por el hecho de residir en esa ciudad, meca de la fotografía, se antojaba exigente.

Algo que siempre refirió Josaphat era en el sentido de la curiosidad y sorpresa de que los finos trabajos que les presentaba a sus clientes, excelentes por su acabado fueran realizados por un mexicano, que llamaba la atención porque no nos bajaban de "greasers" que era el apelativo favorito para denominarnos. Indiscutiblemente a Josaphat le favoreció su pulcritud personal y elegancia en el vestir, ya que siempre sustentó aquella conocida frase de que "como te ven te tratan"

El arte mexicano era bien conocido desde entonces a través de su arquitectura y obras no solamente coloniales sino también el esplendor prehispánico de ciudades, templos y pirámides.

Apenas empezaban a conocerse algunas obras literarias y poéticas de mexicanos que a la postre dieron brillo y gloria a las letras de México y aún estaba en pañales nuestra obra pictórica que junto a la cinematográfica destacarían a nivel mundial.

Foto 29. Nueva York

Foto 30. 5 Av. Nueva York

La Revolución Mexicana despertó la inspiración de más música y canciones de las ya consagradas por el gusto mundial hacia el sentimiento mexicano, agregando a ésta otras creaciones de corte revolucionario, tan bellas como las anteriores, que eran tarareadas en todo el mundo.

No obstante, abrirse paso entre una sociedad tan cerrada y desconfiada como la de los Estados Unidos al principio del siglo pasado, aún más que en la actualidad a excepción de ser rubio, era sumamente difícil, pero bien dicen que el arte no conoce fronteras, de manera que Josaphat, entregando fotos impecables a su clientela, siempre en aumento, apoyado por su manera de ser, amable, caballeroso, no tuvo mayores dificultades ya para prosperar en su interesante aventura americana.

Alto y delgado, impecablemente vestido y con las formas para tratar a sus clientes, representativas de la gente educada del México de principios del siglo XX, que contrastaba con los modales menos ceremoniosos y a veces bruscos del gringo común, mucho le sirvieron a Josaphat para abrirse paso y además agradar a la gente y, por supuesto a las damas de la sociedad norteamericana, que como a las de todo el mundo les encanta ser tratadas con delicadeza.

Por esas y otras razones atrajo la atención de uno de los consorcios fotográficos más importantes del país, que dominaba la zona noreste, la llamada Costa Dorada que comprendía desde Massachusetts hasta Virginia, incluyendo a Nueva York y Washington, con 38 estudios distribuidos en esa importante zona, llamados "Estudios Clinedinst" y lo invitaron a colaborar en ellos, primero en el de Washington y posteriormente en el de Nueva York, ubicado nada menos que en la glamorosa y concurrida Quinta Avenida.

Y si en Washington conoció de cerca, tanto como un fotógrafo puede hacerlo, a los políticos más prominentes, senadores

Foto 31. Josaphat, N.Y.

Foto 32. Serie Nueva York

y funcionarios de alto nivel, en Nueva York desfilaron ante su cámara los actores y financieros más relevantes de la época.

Las fotos que tomó del presidente Woodrow Wilson en 1917 o de la diva del cine mudo, la llamada "novia de América" Mary Pickford, son muestras de importantes personajes que para su cámara posaron y si en pleno siglo XXI todavía nos ubican levantando espárragos o construyendo casas como albañiles o peones, ya podemos imaginar el escenario de hace casi cien años en que resultaba casi increíble ver a un mexicano como fotógrafo en jefe de uno de los estudios fotográficos más prestigiados de los Estados Unidos, vestido de jaquet, reloj de oro con cadena y zapatos de charol.

A Josaphat le encantaba su clientela. Cada personaje significaba para él un reto fascinante porque argumentaba que aunque le tocaran personas no muy agraciadas físicamente, léase feas, sería vano buscarles el ángulo bello porque milagros sólo el Creador, pero con una combinación de luces, sombras, expresiones y diferentes ángulos siempre podría lograrse una foto interesante y agradable. Por ejemplo, décadas después lograba unas estupendas tomas del presidente mexicano Gustavo Díaz Ordaz quien en un alarde de sinceridad y de humildad personal se "auto-mofaba" de su propia fealdad.

CAPÍTULO IV

EL REGRESO A LA PATRIA

Decir que a Josaphat le fue bien en su aventura americana, es quedarse corto. Después de transcurrir siete años, habiendo

Foto 33. Serie Nueva York

pasado por las tres subsecuentes etapas, todas exitosas, todas progresando, la de Rochester es la que le dio la satisfacción de enseñarle las entrañas y el porqué de los fenómenos de la óptica y de las soluciones químicas de los reveladores y fijadores de milagrería, que de la nada, de pronto permiten ver imágenes y rostros que parecen más de magia que ser consecuencia de las leyes de la Física o de la Química.

Además le enseñó el manejo independiente de su profesión y el difícil arte de saber tratar a gente de otras culturas y gustos como es la sociedad norteamericana que encierra en su bagaje histórico la de los pueblos de todo el mundo, cada quien con sus exigencias, cada uno con sus tradiciones y preferencias, diametralmente diferentes a lo mexicano que era lo único que conocía Josaphat, pero que logró con su trato fino y amable, que no conoce fronteras y que a todo mundo agradan, abrirse paso en un aparente medio social exigente, a veces intolerante.

En el estudio de Washington tuvo la oportunidad de tratar de cerca a la clase política más influyente de los Estados Unidos. Gente que movía el mundo, tal y como los descendientes de esas clases lo hacen en la actualidad. Lo mismo trataba profesionalmente a senadores y políticos de grueso calibre, que sentaditos y posando para la cámara se veían inofensivos, sonrientes y complacientes, pero en su actividad política, como parte de su tradición patognomónica, no dudarían en invadir territorios o eliminar a todo aquel que se les pusiera enfrente "en nombre de la seguridad, la democracia y las libertades del gran pueblo americano".

Llamaba la atención el interés de esos políticos en saber de primera mano todo lo que ocurría en México, al percatarse de que le tocó conocer a algunos de los caudillos de la revolución, a través del trato cercano que el fotógrafo debe tener con sus personajes.

.Tal fue el caso del mismísimo presidente Wilson que en un diálogo sumamente amistoso con Josaphat durante la sesión

Foto 34. Mary Pickford, N.Y.

fotográfica para las tomas oficiales, se mostró muy interesado en Villa y Carranza y su papel en la revolución que tocaba las cercas traseras de los Estados Unidos. A Wilson le inquietaba lo que sucedía en México y estaba intrigado por la astucia de Villa y la tozudez de Carranza.

La Revolución Mexicana levantó polvareda en todos los círculos sociales de los Estados Unidos y del mundo, pero fundamentalmente con nuestros vecinos del norte.

Por último, la sociedad civil, formada por descendientes de muchos extranjeros de diversas nacionalidades que hicieron siempre por su paso en Washington, una magnífica experiencia personal y profesional que le dio al fotógrafo mayor empaque y prestigio como tal, y que además, le serviría para su siguiente etapa de Nueva York, abriéndole paso para acometer el reto que le deparaba la gran ciudad.

Las fotografías captadas durante su estancia en Washington, tanto del Capitolio como de la Av.Pennsylvania, entre muchas otras de aquella bella ciudad, siempre elogiada por Josaphat que se encantaba con la primavera y los cerezos en flor de sus arboledas, resultan una verdadera delicia observarlas a casi un siglo de distancia.

Sin conocer esas fotos, porque su archivo estuvo "congelado" por algún tiempo durante su almacenaje en la Cd. de Puebla, que como si fuera un excitante descubrimiento de fotos, fueron apareciendo una a una, algunas inéditas que nadie, aún de la familia, había visto, lo que es frecuente en los fotógrafos que a veces frenéticamente fotografían todo lo que ven a diestra y siniestra para que al final de la jornada no recuerdan su nombre y mucho menos lo que hicieron con la cámara.

Fue así que salieron a la luz decenas de negativos de fotos casuales y urbanas que toda la familia desconocía por estar entre tanto material fotográfico, que para todos fue una grata sorpresa

Foto 35. Serie Nueva York

hallarlas, principalmente para Rosario, su esposa, que varios años después que murió Josaphat las conoció, incluso en algunas en que ella había posado hacía casi dos tercios de siglo.

En algunas de ellas aparece un Washington precioso, con bellos edificios de estilo neoclásico en que desafortunadamente entró la picota para demolerlos y darle paso a nuevos edificios sin estilo y sin clase. Casi noventa años después, me tocó casualmente hacer algunas tomas en el preciso lugar en donde Josaphat hizo las suyas, y yo por supuesto lo ignoraba, porque como ya dije, desconocía el material y la diferencia es muy grande en cuanto la estética y señorío de la Av. Pennsylvania del antes y el después.

Su paso por Nueva York marca la tercera y definitiva etapa de su estupenda aventura americana, la que indiscutiblemente está sellada por el glamour y el estilo elegante y distinguido de la alta sociedad, sofisticada y exigente de la ciudad de los rascacielos.

Por el estudio neoyorkino desfilaron los financieros más influyentes del orbe con el mismo perfil autoritario que los políticos, capaces de someter a la economía de cualquier nación fijando los precios y cotizaciones de toda suerte de materias primas en los mercados internacionales, supeditadas al arbitrio, generalmente injusto para los países productores y exportadores, de los famosos "gatos gordos" de Wall Street, insensibles, fríos, pragmáticos, tan fieles sus rostros a su manera de ser, que en algunas fotos del archivo de Josaphat, no se necesita de mucha imaginación ni poder escrutador para describirlos

Broadway era el epicentro del arte teatral y cinematográfico. Lo sigue siendo con relación al teatro y no hay obra que triunfe en el país que no haya pasado por ahí. La gran cantidad de teatros presentando simultáneamente las obras de los más connotados autores y guionistas le han dado a Nueva York desde entonces un prestigio bien fundado, avalado por un público conocedor y culto que no admite discusión.

Foto 36. Serie Nueva York

Foto 37. Times Square N.York

Algo del ambiente teatral desfiló ante la cámara de Josaphat en el estudio de la Quinta Avenida, la elegante zona de la ciudad en que solo las tiendas y negocios más prestigiados del mundo sobreviven. Lo mismo las joyerías y relojerías del más alto nivel que los almacenes de ropa de reconocidos diseñadores o perfumerías que eran visitadas por clientes venidos de todo el mundo, para realizar sus compras millonarias como un signo de opulencia y de poder.

En esa época triunfaban actrices en el medio de los espectáculos de la talla de Gloria Swanson en el teatro y Mary Pickford, la diva del cine mudo, cuyas fotografías tomadas por Josaphat refulgen a casi cien años de haberlas captado y que todavía, al contemplarlas nos hablan del interés e importancia que tuvieron en el mundo de la época en que alcanzaron fama.

La elegante sociedad neoyorkina pronto conoció el arte del fotógrafo mexicano que era requerido para toda clase de fotos de estudio, lo mismo gringuitas descocadas que solicitaban fotografías como Dios las trajo al mundo, que las clásicas fotos familiares, pasando por los rostros adustos y retadores de los hombres de empresa y, claro que no podían faltar los "gatos gordos" de Wall Street, tan temibles por sus políticas económicas como por su apariencia.

Por supuesto que las fotos de bodas eran muy apreciadas por esa sociedad tan rica y sofisticada. A Josaphat siempre le gustaban las fotos familiares acaso por sus raíces mexicanas ya que como sucede con otros pueblos y culturas, somos muy solidarios y sensibles cuando de la familia se trata. La alegría que proporciona el momento en que está reunida la familia para la toma fotográfica, no exenta de risas y de bromas, lo interesante que resulta para el fotógrafo la disposición del grupo y la imagen que se tiene anticipada del resultado final.

Todo apuntaba para continuar con esa carrera de éxitos y formar aparejada a su actividad artística, una nueva familia, ya americana y con alguna de tantas mujeres bellas que conoció y con las que

Foto 38. Josaphat y Rosario, 2 de octubre de 1923

tuvo oportunidad de enamorarlas aprovechando el buen cartel que tenía como fotógrafo de clase.

Sin embargo, como suele suceder, en las condiciones menos explicables, decidió que una vez cumplida su meta original de hacerse buen fotógrafo, era el momento de regresar al terruño y hacer a un lado la irrepetible oportunidad de continuar con su actividad y consagrarse ahí de por vida, decidiendo hacerlo en su patria, que tampoco estuvo mal.

De hecho, ése era el objetivo fundamental, aprender, conocer, saber y regresar. Y así lo cumplió.

CAPITULO V

POR EL GUSTO DE SER FOTÓGRAFO

Todos los rostros, todas las caras –decía el fotógrafo- tienen su ángulo en que por más que los haya "tratado mal la naturaleza", te pueden proporcionar una gran foto que hará que la beldad o fealdad pasen a segundo término.

No por casualidad, argumentaba, -algunas de mis fotos más elogiadas o incluso galardonadas- correspondían a personajes no caracterizados por su guapura.

Y si Josaphat disfrutaba de su trabajo viéndolo en el quehacer cotidiano como el reto para producir joyas fotográficas, con la gran variedad de materia prima que pisaba sus estudios tanto en México como en los Estados Unidos, las novias que acudían a retratarse, provocaban en él una doble fascinación.

Foto 39. 1912

A través de la historia, el rito de los casamientos, de la unión formal de hombre y la mujer, ha despertado desde siempre un interés especial en el ser humano.

Los atuendos de la novia a través de las civilizaciones, sus diferentes y muy variados ritos desembocan en lo mismo, la belleza de la novia el resplandor de los mil rostros que denotan su felicidad en el día más importante de su vida, la magia que las envuelve en esa ocasión. Las damas que la acompañan y que reflejan la felicidad contagiada que en una especie de simbiosis, irradian una alegría a la familia, a los invitados, a todos. Por eso dicen que "no hay novia fea", porque la alegría es belleza, porque el espíritu hace que aflore la sonrisa y el destello que todas las novias tienen, pero que no es fácil reseñar.

Por eso a Josaphat le encantaba tener en su estudio a los grupos de damas y familiares de los novios que los acompañaban a éstos y que decididos estaban para retratarse con la feliz pareja.

Para todos los que rodeaban a Josaphat, su familia y amigos cercanos, eran los domingos en Puebla, una especie de rito, una fiesta de alegría, bullicio y encanto en su estudio por la mañana.

Fue la época en que el domingo era el día elegido para casarse en México de la primera mitad del siglo XX.

Su estudio era visitado aquellas mañanas por lo menos por dos grupos de bodas con sus damas, como entonces se acostumbraba. Había ocasiones en que se programaron hasta cinco grupos y aquello era la locura para el fotógrafo y también para Rosario, su esposa, quién tenía a su cargo la no menos difícil tarea de "dirigir el tránsito" en el estudio, que aunque amplio era muy complicado acomodar a tanta gente mientras esperaban su turno y ascender la larga y empinada escalera que remataba en el salón de tomas.

Foto 40. 20's

Siempre sustentó la idea de aprovechar la bendita luz natural que le daba las tonalidades y condiciones adecuadas para obtener excelentes fotografías.

La combinación de reflectores eléctricos con la luz solar la realizaba con maestría, lo que le valió durante su paso por Nueva York, que lo bautizaran como "el mago de la luz".

En esa época era costumbre tomarles fotos, además de los novios, a las damas a los papás de los novios y en ocasiones hasta los hermanos y familiares cercanos.

Aunque Josaphat tuvo diferentes estudios, conocí el ubicado en el 109 en la avenida Reforma, a unos pasos del Zócalo, en el corazón de la ciudad de Puebla. En la década de los cuarentas e inicios de los cincuenta no era muy difícil llegar en auto y estacionarse frente al estudio para el descenso y ascenso de las comitivas nupciales dadas las características del tránsito citadino de vehículos. Sin embargo, poco a poco esas maniobras se dificultaban cada vez más, aparejadas al incremento natural de autos en la ciudad, provocando embotellamientos en cuanto se detenían los autos de los novios y no recuerdo manifestaciones o insultos por tal motivo de parte de los automovilistas afectados transitoriamente por ello.

Las caravanas nupciales eran vistas con respeto y simpatía que desembocaban en pacientes esperas y no dejo de comparar los tiempos imaginando que en la actualidad no habría tolerancia ni respeto.

Además de los cambios naturales en nuestras ciudades, con mayor movimiento de vehículos por sus calles, diseñadas y construidas muchas de ellas durante la Colonia para el paso de carretas, diligencias y caballos, atestadas ahora por automóviles, es también contrastante la actitud de las gentes, desde la segunda

Foto 41. 20's

mitad del pasado siglo hasta nuestros días, cada vez más de prisa, más negocios, más impaciencia, menos tolerancia

Sería impensable en nuestros días, ya entrado el siglo XXI, concebir un estudio fotográfico ubicado en el lugar donde estuvo Josaphat, en la avenida Reforma de la ciudad de Puebla o algo equivalente en otra ciudad del país, en el ascenso y descenso de nutridos grupos nupciales para ir exclusivamente a sacarse las tradicionales fotos de novios.

CAPÍTULO VI

EL MATRIMONIO, BASE DE LA FAMILIA Y DE LA SOCIEDAD

A través del la historia, el hombre llegó por naturaleza propia a integrarse como pareja con su mujer a fin de procrear para la perpetuación de su especie, tal vez en un principio como lo han hecho todas las especies animales, en donde se conjuntan todos los factores de la vida primitiva, la unión como agrupamiento de defensa pero también como necesidad de convivencia y satisfacción sexual. Sin embargo, con el paso del tiempo medido en siglos, fue diseñando sus propias reglas que derivaron en normas y leyes, al principio no escritas. Como siempre ha sucedido a través de la historia, las costumbres a su vez, derivan en leyes.

Por lo tanto, de dicha unión y por esas reglas nace el matrimonio, que es el pilar de la sociedad que garantiza la perpetuación de la especie dentro de un marco de orden y respeto que es el arquetipo de la evolución y de las sociedades desarrolladas, simiente de los pueblos.

Foto 42. 20's

Antiguamente los matrimonios se concertaban entre los integrantes de las tribus y familias sin contar con la aprobación de los contrayentes.

En la Grecia anterior a nuestra era, uno dos o tres siglos antes de ella, al asumir la mujer un principalísimo lugar en la sociedad, se consideró fundamental romper con esas reglas que privaban a las parejas de ser partícipes en las decisiones que les vinculaban, sin embargo, tal modalidad no perduró.

Por otro lado, la práctica social de efectuar el matrimonio en un acto público refleja las costumbres de las sociedades en que se realiza. Este acto, por lo general, tiene una fuerte connotación religiosa acorde a las condiciones sociales y regionales, en donde se pondera el deseo de fertilidad y abundancia. De ahí parten muchas costumbres y prácticas que podemos ver en las bodas, que a pesar de ser milenarias, llegan hasta nuestros días como el deseo por la bonanza de la pareja lanzándoles granos de arroz al término de la ceremonia eclesiástica y como manifestación de fortaleza y vínculo entre pareja, el intercambio de anillos.

El matrimonio se instituyó en el cristianismo como un sacramento donde se otorgan los contrayentes uno al otro. Desde el punto de vista eclesiástico se considera a esta unión como indisoluble salvo casos de excepción en que no se cumpla algún elemento básico en que se fundamenta el principio del matrimonio, entendiéndose además, la tácita prohibición del concubinato para darle vigencia al sentido de la fidelidad.

A pesar de los conceptos que se esgrimen en contra del matrimonio, sigue siendo una institución que ampara el amor y como consecuencia a la familia. El matrimonio puede considerarse como un sacramento pero también como un contrato civil y su sentido intrínseco consiste en integrar la unión de la pareja y asegurar su descendencia.

Foto 43. 20's

CAPÍTULO VII

EL VESTIDO DE NOVIA

Si existe un día especial en la vida de la mujer y, naturalmente, de la familia a través de la civilización, es el día de su boda

La mujer es por consecuencia, la estrella principal en donde se concentra la atención y le confiere a ese acto, civil o religioso, el toque de encanto y belleza.

No existe mucha información al respecto del vestido de novia a través de la historia y su connotación en las diversas culturas, así como el significado del matrimonio, sin embargo de lo poco que se ha podido rescatar, se sabe que en la Edad Media las novias trataban de casarse en las noches de luna llena pues existía la creencia de que serían bendecidas con fertilidad y abundancia.

Los lunes eran considerados buenos para casarse, porque desde la Europa prerromana eran los días consagrados a la luna, la Diosa Madre. Esa tradición la tomarían posteriormente los romanos.

El refrán "en martes ni te cases ni te embarques, ni de tu casa te apartes", proviene de la antigua Roma.

Marte era el dios de la guerra, por lo que los romanos pensaban que el martes, dedicado a ese dios, era un día propicio para desgracias, catástrofes y sangre.

Entonces, para tener una convivencia pacífica se prohibió viajar y casarse los martes.

El viernes era un día consagrado a Venus, la diosa de la belleza y el amor. Esa diosa era la encargada de que el amor entre los

Foto 44. 20's

novios fuera duradero y aunque en teoría debiera ser un día propicio para los casamientos, no era así.

El domingo era un día que desde la Europa prerromana estaba consagrado al dios sol.

Todas las civilizaciones a través de la historia de la humanidad, consideraron como deidad suprema al sol, al que atribuían ser la fuente de la vida, conocedores de que sin esa grandiosa fuente de luz y calor no se darían los frutos de la tierra ni el calor para preservar todas las especies vegetales y animales, de ahí que los romanos lo llamaran dominicum, por dómine, señor, dominador, dios.

Se suponía que el dios sol derramaría salud, alegría y abundancia sobre los esposos.

Otra de las antiguas tradiciones europeas que llegaron hasta el Medioevo, era el abstenerse de casarse en enero, época de mucho frío y carestía por la escasez de productos agrícolas, en muchas ocasiones provocadas por una gran disminución de las reservas de alimentos por cosechas fallidas y por lo tanto la pareja estaría condenada a la estrechez económica por el resto de su vida.

Esta superstición se basaba en la creencia de que la época en que se genera un proyecto, irremediablemente influiría en su desarrollo.

A través de la historia, el traje más importante en la vida de la mujer, indiscutiblemente es el vestido de novia Aquel que la hace la estrella del evento en el día de su boda, el punto de referencia, el personaje visto y admirado, con mucho, más que al varón, existe muy poco en la bibliografía mundial sobre el tema y que infortunadamente no va acorde con el simbolismo de la novia y su vestido, la novia y sus damas y, obviamente sus vestidos, que todas, en su conjunto son el aderezo imprescindible para el lucimiento de la novia en el día más importante en la vida de la mujer.

Foto 45. 20's

El vestido de novia, a través de los siglos ha tenido una gran variedad de modelos, colores y significados.

El motor de tales cambios no sólo en la mujer y su vestido de novia sino también, por supuesto, en el hombre, radica en la vanidad, cualidad innata del género humano.

Las modas aparecen súbitamente de la nada y todo es que a alguien se le ocurra una modificación en el vestir, en el peinar o hasta en el andar o bailar para que, no faltando un imitador, ésta modalidad "prenda" y se propague en el ámbito de una sociedad para exportarla después y llegar a lugares insospechados. El vestido de novia es un claro ejemplo de las variantes y cambios a través de los tiempos.

CAPÍTULO VIII

LOS TIEMPOS BÍBLICOS

A principios de nuestra era, la mayor parte de los vestidos de novia eran de color azul que simbolizaba la pureza.

Hay quienes sostienen que el vestido de novia proviene de los tiempos del esplendor del Imperio Romano.

En aquella época, las novias se casaban con la misma túnica blanca que usaban a diario, aunque se colocaban también un velo color púrpura adornado con una corona de flores.

Posteriormente las novias vestían una túnica negra y larga, con un manto de color rojo.

Foto 46. 20's

El tocado se acostumbraba hecho con una guirnalda de flores que simbolizaba la virginidad.

El ramo de flores representa desde entonces, ya que a la fecha son pocos los que conocen su significado, las emociones, los méritos, las virtudes. Conlleva un mensaje de fertilidad, florecimiento y generosidad. La superstición dice que la afortunada que atrapa el ramo de la novia tendrá suerte y será la próxima en casarse.

El velo ha simbolizado la pureza de la novia. Se dice que también protege del "mal de ojo" o de las envidias de las invitadas solteras.

Actualmente, hay la creencia de que el velo transmite el mensaje "cuidaré a tus hijos".

El velo se retira cuando ha acabado la ceremonia, especialmente si se trata de una boda religiosa.

En el antiguo Egipto, el blanco era el que se usaba no solo para las novias sino también para presidir ceremonias importantes y si en Roma los vestidos en las bodas eran un elemento destacado del ritual religioso, en la Edad Media los bordados y brocados se convirtieron en el complemento necesario en las bodas de las damas de la nobleza y aunque en ésa época el color dejó de ser un factor esencial tanto para el velo como para el vestido, lo más importante era la riqueza de la tela y los adornos.

Así se ponían vestidos rojos con decoraciones doradas que representaban la realeza y el poder.

En el Renacimiento no era tan importante el color del vestido como que fuera bordado con piedras preciosas, perlas y diamantes.

Foto 47. 20's

CAPÍTULO IX

EL BLANCO EN EL VESTIDO DE NOVIA

A finales del siglo XVII estuvo muy de moda usar los tonos pastel en el vestido de novia, sin embargo fue hasta mediados del siglo XIX que definitivamente se usara el blanco ya que la reina Victoria de Inglaterra eligió un vestido blanco para su boda en 1840.

La fotografía que daba sus primeros pasos en esa época como el gran invento de la humanidad, permitió que la foto oficial de la boda se difundiera extensamente por todo el mundo, popularizando la moda, por lo que muchas novias en todos los continentes optaran por un vestido similar en honor a esa elección.

La tradición de vestir un traje blanco en las bodas, continúa como la opción más generalizada en el mundo hasta nuestros días.

El blanco vino a simbolizar la pureza del corazón y la inocencia de la niñez. Posteriormente se impuso el significado de la virginidad.

Como se ha asentado, esos mismos atributos eran representados por el azul en otras épocas.

El blanco, ya se ha dicho, se asocia comúnmente a la virginidad, la pureza, pero en su origen el blanco en el vestido de novia era un símbolo de poder económico y de status social. El poder obtener un vestido blanco con las características típicas del vestido de novia, es decir, mucha tela, calidad y adornos y por lo tanto, de gran valor, no estaba al alcance de todos los bolsillos.

En los Estados Unidos e Inglaterra, es muy común el amarillo en el traje de novia. Se le identifica con Cupido dios del amor en la mitología romana además de la abundancia.

Foto 48. 20's

En general en la cultura occidental y hasta la actualidad, el vestido blanco es el más común y se sigue usando como símbolo de pureza, pero no todas las culturas lo consideran así ya que en el mundo islámico, ése mismo concepto lo representa el color negro.

Por supuesto que hay de gustos a gustos porque el color blanco no es la única opción ya que muchas novias prefieren otras variantes y visten en su día de beige o perla.

Lo mismo sucede con las preferencias de algunas novias de Estados Unidos, modificando la tradición y es común verlas vestidas el día de la boda en tonos rosa, morado o violeta, generalmente suaves.

Con el paso de los años y de los siglos, las creencias, tradiciones y simbolismos se suman a adosar el ritual de la unión y a cargar de misterio a la novia, pero también al novio.

Según la tradición, se considera de mala suerte que el novio vea a la novia vestida antes de la ceremonia

Como ha quedado asentado repetidamente, las novias de las antiguas Grecia y Roma ya usaban el velo en las ceremonias nupciales. En aquella época, las novias se protegían así de las envidias y del "mal de ojo" de alguna rival, pero a través de los siglos, el velo se constituyó parte esencial del traje de novia y aunque a la fecha, la mayor parte de la gente ignora el porqué de su uso y la historia del mismo, excepto el sentido del misterio y magia que le confiere a la ceremonia religiosa, no hay boda que se precie de ser una gran boda que prescinda del velo.

Otra interpretación que se le atribuye al velo es el de "cuidaré a tus hijos" y el ejemplo directo y actualizado de éste concepto se lo atribuyen a la princesa Diana, que lució un velo que se confundió con la extensísima cola del propio vestido dándosele la interpretación de que cuidaría a los hijos de Inglaterra.

Foto 49. 20's

CAPÍTULO X

UNA MODA PARA CADA ÉPOCA

He presentado una breve reseña tanto del fotógrafo y parte de su obra dedicada fundamentalmente a las novias, casi todas de la ciudad de Puebla, ciudad natal de Josaphat y donde pasó la mayor parte de su vida profesional, retratando a una sociedad sumamente exigente durante casi las tres cuartas partes del siglo XX, lo que no deja de sorprender que le toque a alguien dedicado al arte fotográfico ser tan prolífico y tan longevo, como para fotografiar a varias generaciones de sociedades y culturas diversas y ser testigo, además, de las transformaciones inherentes a través de siete décadas. De alguna manera fue influido por los cambios de los tiempos, de las nuevas técnicas que sobre la marcha fueron apareciendo en su escenario artístico, pero que tuvo la genialidad de conservar los principios fundamentales de la fotografía que permitieron imprimir a su obra un toque de inconfundible identificación, absolutamente compatible con su vocación artística que siempre mostró.

Han quedado como testimonio de su estupenda obra artística muchos grupos familiares, personajes importantes tanto de hombres como mujeres, empresarios, políticos, eclesiásticos, educadores, discípulos de diversas instituciones privadas y públicas, universitarios de todas las disciplinas, en fin, una cauda completísima de lo que entendemos por una nutrida sociedad, que a través de casi un siglo siguió los pasos del fotógrafo, posando para él y trascendiendo a sus descendientes por medio de aquellas memorables fotografías familiares que con toda seguridad cuelgan todavía en los muros de los recuerdos de cada hogar que se precie de tener memoria histórica y genealógica.

Foto 50. 20's

La fotografía es quizás el más acertado y veraz elemento de apoyo para la interpretación de hechos pasados. Éstos no quedan supeditados a la interpretación de los historiadores o de la narrativa y es fácil seguir los pasos como en éste caso de las novias, de la evolución social a través de diferentes épocas, diferentes todas ellas, en nuestro caso por los brutales acontecimientos a que fue sometida toda una nación, que si bien dejaba a una dictadura de más de tres décadas, entraba dramáticamente a la correspondiente a una lucha encarnizada, fratricida de la revolución, con un breve lapso de reacomodo para entrar casi inmediatamente a la Guerra Cristera, igual de cruenta, igual de absurda, igual de feroz.

Sin embargo, a pesar del drama mexicano, las modas llegaban, las modas sufrían cambios y quedaron plasmadas en aquellas formidables fotografías, no sólo en el vestir y peinar. Quedaron también en los rostros y expresiones de aquellos que posaron para Josaphat, como también sucedió durante la Segunda Guerra Mundial, que marcó también un dramático cambio en la moda, observando a niños vestidos de marineros militares, emulando a los verdaderos que luchaban en las sangrientas batallas en el Pacífico.

La fotografía, como un valiosísimo recurso para apoyar a la historia, nos narra a través de las imágenes el carácter de la gente de México y de la grandeza de la nación aún en los tiempos más difíciles, observando a familias muy numerosas en fotografías de grupo, por el gusto y placer de estar todos unidos, tal vez como un símbolo de la clásica familia mexicana, y dejarlas para la posteridad, mientras en Europa en ésa aciaga época de guerra, no había qué comer y familias enteras eran perseguidas sin misericordia por su origen étnico o raza. Aquí en México surgía la Época de Oro de la música mexicana y también de la cinematografía, que ambas trascendieron a todo el mundo.

Todas estas etapas de nuestra historia, de alguna manera han quedado captadas en los rostros, vestidos y manifestaciones

Foto 51. 20's

fisonómicas y fenotípicas en aquellas fotos que no se prestan a conflicto alguno de interpretaciones.

Ahí están tal y como eran esas personas y sus vestidos y trajes, sus expresiones, coadyuvando, eso sí, con los historiadores y narradores de la evolución social de México.

De las novias, se ha hablado muy poco por la escasa bibliografía que hay al respecto.

Otra cosa sería que desde la antigüedad hubiera como ahora, las reseñas de sociales, que verdaderamente desmenuzan los acontecimientos y ceremonias nupciales, empezando por el vestido de novia y sus damas, pero en este caso cobra vigencia inusitada aquello de que "una imagen vale más que mil palabras", así que invito al amable lector a seguir admirando a algunas de "Las Mil y una Novias de Josaphat".

CAPÍTULO XI

LOS CAMBIOS

Es evidente ver los cambios en su imagen como expresión social, política y económica de cada tiempo, tanto que en una retrospección se ve marcada cada época por una tendencia y qué mejor ejemplo que el traje más importante, a través de los siglos, que la mujer luce en su vida, el vestido de novia

Esta prenda, símbolo de la tradición y el espíritu conservador en el mundo de la moda, también pasó por varias transformaciones

Foto 52. 20's

84

al recibir la influencia de los grandes cambios familiares, sociales, políticos, económicos y hasta tecnológicos

El vestido de novia largo y nada escotado de principios del siglo XX, indiscutiblemente era de color blanco y no solamente como símbolo de pureza e inocencia, sino también en señal de riqueza y opulencia.

Poco después cuando se vivían "los años locos", las novias se destaparon un poco. Los vestidos tenían tendencias a lo corto y algo impensable años atrás, dejaban ver un poco las piernas, incluso el terciopelo y hasta detalles de zorro blanco y armiño cobraron importancia en los trajes de línea recta.

La década de los 30s, trajo cierto aire de sensualidad, pues las novias preferían las líneas rectas ajustadas al cuerpo. Eran frecuentes las mangas abotonadas que evocaban el estilo victoriano.

Los efectos de la Primera Guerra Mundial imponen austeridad al vestido de novia. El traje sastre y los vestidos de dos piezas son el atuendo de las novias en algunos países, fundamentalmente en aquellos afectados directamente por el conflicto bélico, con ramos y tocados de flores con imitaciones en tela. Esta modalidad no fue muy común en México.

Luego de ésta etapa, la moda es fuertemente influida por el diseñador francés Christian Dior, quien modifica drásticamente los vestidos de los años 50s. Las faldas aún más largas de lo común, estaban diseñadas para hacer que la mujer se viera muy femenina y que sus prendas de fantasía tuvieran un lienzo para el lujo desmedido que mucho impresionó al mundo de la posguerra.

La década de los años 70s, la etapa del amor libre y de la revolución sexual, puso su toque en la moda y por supuesto en las novias que guardaron hasta lo entonces tradicional, y se lanzaron a disfrutar de un estilo casi infantil.

Foto 53. 20's

Eran comunes en esa época los botones y los escotes cambiados por cuellos más amplios.

Reaparecieron las mangas largas que remataban en puños y a manera de accesorios, llevaron grandes y variadas flores y velos cortos.

Luego de esa tendencia, los vestidos volvieron a ser muy elaborados y es ahí cuando los diseñadores de moda dejaron volar su creatividad y con ella, los volados de las mangas, del ruedo y el cabello largo, adornado con flores naturales y muy frescas.

Aunque a Josaphat ya no le tocó la moda de los 80s, justo es describir algo de ella como un complemento y referente para establecer algunas similitudes y diferencias con las de otras épocas.

Las novias de los 80, marcaron a nivel mundial, sobre todo en los países occidentales la pauta de la abundancia.

Un claro ejemplo de ello fue el vestido de la princesa Diana, quien se apuntó en las páginas de las revistas y magazines especializados en la moda, como una de las mejor vestidas de la década.

En el ocaso del siglo XX, en los años 90, apareció el concepto minimalista donde lo poco es mucho. De ahí que también los vestidos de novia se estilizaron y se prefirió la simpleza combinada con la elegancia y sensualidad.

Actualmente, en los albores del siglo XXI los diseñadores se alimentan de esa historia. Se inspiran con lo más clásico y también con las tendencias más vanguardistas para presentar así, a las futuras esposas un sinfín de posibilidades y sugerencias.

Hoy día, la vuelta a los tonos más blancos y escotes pronunciados. Las asimetrías y superposiciones de géneros son comunes en muchas de las colecciones de los grandes de la moda nupcial

Foto 54. 20's

europea, éstos en general sugieren que la novia debe sentirse cómoda, de tal forma que lo que decida ponerse, sea el vestido, su lencería o los accesorios del atuendo la hagan sentir guapa, atractiva, seductora, pero natural, nunca disfrazada.

EL RAMO Y LA LIGA

En el siglo XIV, en Francia se creía que la liga de las medias traía buena suerte.

Los invitados corrían detrás de la novia y le quitaban la liga como podían. Para evitar esta práctica tan poco decorosa, ella la lanzaba voluntariamente. Actualmente el novio retira la liga y la lanza entre los varones.

De igual manera el ramo se lanza entre las invitadas solteras, creyendo, como se hacía desde tiempos inmemoriales, de que aquella que lo atrape, se casará muy pronto.

En la simbología general respecto a la actitud de las novias con relación a su vestido y accesorios, se piensa que debe de llevar algo nuevo, representando a la nueva vida que tendrá a partir del día de la boda.

Algo viejo que represente el pasado significa el apego de la novia a la vida con sus padres.

Algo prestado, que es un símbolo de amistad.

Algo azul, representa la fidelidad y la salud.

Es evidente ver los cambios en su imagen como expresión social, política y económica de cada tiempo, tanto que en una retrospección se ve marcada por una tendencia y qué mejor ejemplo que el traje más importante a través de los siglos, que la mujer luce en su vida, el vestido de novia.

Foto 55. 20's

CAPÍTULO XII

HABLANDO DE BODAS Y CURIOSIDADES

Aunque hay diversas opiniones y criterios, en ocasiones encontrados acerca de los atuendos y características de las bodas del pasado, no siempre se encuentran reseñas o datos fehacientes que puedan aportar más detalles de ese importante acontecimiento que desde siempre ha movilizado a las familias y sociedades en todo el mundo y en el curso de la historia se han formado alianzas importantísimas con fuertes repercusiones en otras monarquías y reinos, por el simple hecho en apariencia, de la unión hombre – mujer.

En el siglo XIX, allá por la época de Napoleón, se acostumbraba, en Francia originalmente y después influyó en otros países, casarse en vísperas del día de San Valentín, el santo relacionado con el amor y la amistad, y hacerlo las novias con el gusto y preferencia por el uso de vestidos con modelos pasados que evocaban bodas de antaño.

Hay quienes sostienen que no se incorporaban detalles como el velo y ramo de flores, sin embargo esta costumbre data desde el Imperio Romano y conlleva por sí una connotación bien definida por su significado intrínseco, aunque es claro que pudieron existir excepciones.

En cuanto a los colores, se usaban telas de diversas tonalidades, no necesariamente el blanco, lo puso de moda en 1840 la reina Victoria de Inglaterra, casi coincidentemente con el nacimiento de la fotografía, de manera que la foto nupcial recorrió el mundo con la estupefacción natural de la novedad de las imágenes captadas gracias al gran invento y también, claro está, por la importancia de los personajes, vestida ella de blanco que generó una tendencia en la moda de entonces por el color del vestido y lo acampanado de éste en que se usaba sobre un armazón de alambre.

Foto 56. 20's

Aparecen en los vestidos de novia los llamados "nudos de amor" hechos de lienzos adosados al mismo vestido de tal manera que la novia los iba desprendiendo para obsequiar a sus amistades y familiares más queridos, quienes los guardaban como tesoro y recuerdo de tan significativa fecha.

Eran vestidos de satín muy grueso y mucha tela, larguísimo velo bordado que se corona con una diadema.

En los albores del siglo XX hay pocos cambios en la moda como un preludio de los que inevitablemente sobrevendrían pocos años después, quedando atrás los modelos de la "bella época", optando por faldas más cortas en que se dejan al descubierto las piernas, de la rodilla hacia abajo, túnica estrecha y desaparecen las cinturas muy finas y delgadas.

Esa era la época en que la humanidad estaba inmersa en la Primera Guerra Mundial y que se sufría de escasez, que irremediablemente repercutió en todas las latitudes y sus efectos recayeron hasta en el vestido común y por supuesto en el de la novia.

Quizá recordemos aquellas viejas fotos de novios, principalmente europeos, en que la novia aparece con vestido corto, indudablemente manufacturado con parte de algún suntuoso vestido de la abuela, de épocas mejores, del que tal vez se aprovechó para hacer otros más y también el novio con apretado y desgastado trajecito del padre o del tío, que además, lo vistieron otros varones de la familia cuando se casaron o asistieron a algún funeral.

Posteriormente, en los mismos 20s, aparecen vestidos más cortos que atrevidamente muestran piernas y rodillas, pero ya no tanto por escasez sino por un simple cambio de la moda en la que el cabello es también corto. Es la nueva tendencia de aquellas chicas liberadas, atrevidas que dejaron atrás las formalidades y solemnidad de las abuelas. Quedó atrás también el vals y las fiestas principescas, para darle entrada al charleston y al fox trot.

Foto 57. 20's

Toca a Josaphat fotografiar dichos cambios con las novias de Puebla que nos permite ver la radiografía de las transformaciones sociales y de manera puntual, pero a diferencia de aquellas novias europeas y en menor escala las norteamericanas que, como naciones belicistas, vivían una etapa de obligada austeridad. Las novias mexicanas dejan ver la riqueza de sus atuendos así como la generosidad de México en que aún sometido a presiones y circunstancias económicas adversas, siempre ha dado oportunidad para que el talento y el trabajo tengan su recompensa, y por ello, las novias de Josaphat permiten ver la manera en que se presentaron para la inolvidable foto nupcial, destacando también la rica vestimenta del novio y las damas.

La década de los 30s llegó con cambios retro, o sea que volvieron los trajes largos, dejando ver en muchos modelos la belleza de las formas femeninas, marcando favorablemente la cintura.

Destaca también en ésta década la tendencia en los hombres hacia el estilo "Rodolfo Valentino", con el pelo brilloso, relamido y engominado en que hasta la mirada "castigadora" podemos apreciar en algunas de las fotos.

La década de los 40s trae nuevamente vestidos largos con abundante tela en que además, las damas lucían elegantes tocados o sombreros de ala ancha, que además de resaltar su belleza, les proporcionaban un gran toque de distinción

Una boda muy famosa de ésta década aunque no fue representativa a nivel mundial por ser, digamos atípica por las circunstancias en que se llevó a cabo, fue la de Isabel de Inglaterra y Felipe en 1948.

Inglaterra sufría todavía las penurias físicas, emocionales y económicas de la Segunda Guerra Mundial apenas terminada en 1945.

Foto 58. 20's

Londres, su capital, quedó devastada completamente y las faraónicas tareas de reconstrucción por el brutal ataque a que fue sometida por los incesantes bombardeos de la aviación alemana, tardarían todavía más tiempo en cumplirse, de manera que la fastuosidad de la boda real, sólo pudo realizarse gracias a las aportaciones de la población que contribuyó para comprar la tela y los múltiples accesorios que lleva una boda real y ni qué decir de los eventos y fiestas que se realizaron antes y después de las nupcias en que, según la tradición histórica de las monarquías europeas, "se echa la casa por la ventana".

Aunque es difícil de creer, aún en épocas de guerra, las modas siguen su curso en la difusión y gusto por las innovaciones de las sociedades en todo el mundo, aparecen súbitamente y se propagan con gran rapidez, como las epidemias, sin saber con exactitud la mayoría de las veces, quiénes fueron los que las inician o quién es el que las crea.

En los prolegómenos de la Segunda Guerra Mundial, aparece un cambio muy notorio en el peinado y manejo del cabello de la mujer, el clásico "peinado de salón" con abultamiento al frente y muy bien cuidado y ondulado, vuelto hacia atrás, que se propagó por todo el mundo a pesar de la Gran Guerra, llegando obviamente a México en que lo observamos en las novias de Josaphat de aquella época, sea por su atuendo, sea por su belleza.

Con algunos cambios, esa moda llega a los 50s y acaso hasta los 60s. Las películas de esas décadas nos permiten observar esa corriente, principalmente en el cine mexicano en que hasta en las películas de ranchos y haciendas vemos a los charros acompañados por las señoritas del pueblo, encopetadas y con impecable, a veces exagerado peinado de salón.

Foto 59. 20's

CAPÍTULO XIII

LAS NOVIAS DE PUEBLA

Es indiscutible de que no necesariamente lo descrito acerca de los atuendos nupciales, se vea religiosamente en las novias que presentamos en la obra, pero en términos generales, mucho de ello con toda seguridad portaron el día de su boda.

Como ya he asentado, el cambio en el vestir, influido por tendencias llegadas de lugares distantes y en ocasiones desconocidos, han sido traídos y llevados a través de la historia de muy diversas maneras, marcando la pauta para el nacimiento de lo que llamamos moda.

Aunque el objetivo de la obra consiste en presentar una serie de fotografías de las novias de Josaphat y enfocarnos en ella, no es ocioso hablar de la moda en general, sus cambios, influencias y por supuesto curiosidades en torno a ella y costumbres del hombre y la mujer a través de los siglos.

Creo que tocando el tema, aunque de manera superficial, es posible que el lector, diría mejor el observador, podrá entrar con mayor profundidad en el análisis del cambio de la moda no solamente el correspondiente al de los atuendos nupciales sino a la moda en general.

Y si nos vamos introduciendo un poco más en ello, hay que recordar algo de historia y ponderar acerca de las comunicaciones y transportación de aquellos que hicieron posible la llegada de la moda a la Nueva España, con ese caudal de productos, mercaderías, vestimentas y fundamentalmente personas que portando atuendos diferentes, provocaron los cambios de la moda como fue el caso de no pocos virreyes, que por su alta

Foto 60. 30's

investidura y siendo el punto de atracción del virreinato más importante de las Américas, el de la Nueva España, favorecieron que como reguero de pólvora se esparciera la moda primero por el virreinato y posteriormente por todo el Continente.

En el México del virreinato y hasta prácticamente la primera mitad del siglo XX, la moda llegó principalmente por el Océano Atlántico, es decir, a través de España que independientemente de sus propias modificaciones en el vestir, absorbía las tendencias de Francia, Inglaterra e Italia, además de otros elementos de menor importancia que quizás se generaron en otras regiones europeas y el primer punto de llegada de aquél torrente histórico de modas y cambios, fue el puerto de Veracruz, en su paso, naturalmente, al objetivo principal que fue la gran Ciudad de México.

Pero en ese trayecto la moda, como si dejara una huella, se iba quedando en las villas y pueblos en su recorrido a México, principalmente en las ciudades más importantes y ricas como lo fueron la propia Veracruz, Córdoba, Orizaba y Puebla, paso obligado de las caravanas que con toda suerte de mercaderías iban dejando en las mismas, con toda seguridad folletos, ilustraciones y aún los mismos trajes e indumentarias con el último grito de la moda destinados primero a las clases ricas y con la capacidad de compra o de mandar traer desde Europa sus vestidos, incluyendo naturalmente los de novia, manufacturados en Francia o España para ser imitados muy pronto y hasta modificarlos, dándole uno que otro toque regional, provocando así un cambio en la moda que como cascada, como siempre ha sucedido a través de la historia, se van propagando los cambios y tendencias de la moda a regiones más y más distantes.

Resulta evidente de que durante el virreinato, la Ciudad de México era el objetivo principal del grueso de mercaderías internadas en Nueva España procedentes de Europa, pero también es claro de que casi paralelamente, las tendencias de la moda, se difundían a otras poblaciones, las más cercanas a la capital como Puebla,

Foto 61. 30's

Toluca, Pachuca, Tlaxcala, etc. Eran rápidamente influídas por las de la gran metrópoli para desparramarse posteriormente a todo el territorio novohispano.

Algunas de las costumbres y modas no necesariamente llegaron por el Atlántico pues hay que recordar que la famosa Nao de China, vía Manila llegaba por el Pacífico hasta Acapulco, una ruta no desconocida en la época de la Colonia ya que las primeras expediciones y futura colonización de las Filipinas se hicieron desde la Nueva España.

Una gran variedad de mercaderías de Oriente influyeron en las costumbres novohispanas y por supuesto en la moda de sus habitantes, no sólo de mujeres sino también de los varones. La famosa China Poblana de quien existen algunos objetos que se exhiben en el Museo del Alfeñique de la ciudad de Puebla, además de muebles y otros utensilios finamente acabados son una muestra del intercambio que se dio entre Oriente y Occidente a través de lo que ahora es México.

En la ciudad de México, las damas de las clases privilegiadas, a diferencia de las europeas, no acostumbraban caminar por las calles, salvo ocasiones específicas o para asistir a la iglesia. De hecho era difícil hacerlo porque usaban zapatillas muy estrechas para aparentar un pie pequeño, de acuerdo con los gustos predominantes de la época. El gusto por lucir un pie pequeño, hasta hacerlo defectuoso, se prolongó por lo menos hasta la primera mitad del siglo XIX. Es muy posible de que esta influencia haya llegado desde China.

En la Nueva España, como en Europa y como en todas partes, la vestimenta era un signo de distinción, marcando riqueza y pobreza, abundancia y escasez, los trajes lujosos resplandecían frente a los pobres vestidos raídos, gastados y desteñidos.

Foto 62. 30's

Sin embargo muchos cronistas de la época están de acuerdo en que la propensión al lujo no tenía barreras sociales. Lo mismo ricos que pobres usaban sedas, perlas y piedras preciosas hasta las negras y mulatas y los regalos de los novios con motivo de sus futuros enlaces nupciales consistían comúnmente de perlas, diamantes y otras valiosas joyas.

Esta condición por el gusto y la posibilidad de adquirirlas, habla en parte de las condiciones económicas de la Nueva España y la costumbre de llevar joyas finas, por gusto o vanidad, por presunción o demostración, llamó la atención de los europeos fundamentalmente, que visitaron la ciudad de México, como las damas de compañía de la Emperatriz Carlota, daban cuenta de esos detalles y el de las fiestas interminables y ostentosas en que por cualquier motivo celebraban los mexicanos, aún más allá de sus posibilidades económicas, tal y como hasta la fecha sucede, sin que importe si por tal motivo quedan endeudados hasta el cuello.

En cuanto a las ceremonias nupciales y fiestas relativas a la boda, antes, durante y después, "literalmente gastaban al tope". No era tan importante el costo de aquellas fiestas como el hecho de la diversión y una gran cantidad, a veces inverosímil, de invitados.

La discreción y moderación nunca ha existido en la mentalidad de los mexicanos en materia de fiestas y celebraciones.

La condesa Paula Kolonitz, dama de compañía de la emperatriz Carlota, refiere, al igual que Henry George Ward, primer embajador de Inglaterra en el México Independiente, diferentes épocas, coincidentes comentarios referentes a aquella característica de los mexicanos y sus grandes y costosas fiestas.

Considerando de que la moda en México y sus cambios llegaron por el Atlántico entrando directamente a Veracruz en su ruta a

Foto 63. 30's

la Ciudad de México, es obligado dar una hojeada al contexto histórico de cómo se fue dando todo aquello y comprender mejor su significado, tomando en cuenta las enormes dificultades de la transportación de gentes y mercancías de los cuatro puntos cardinales hacia la capital, salvando las enormes cordilleras y zonas montañosas de la orografía nacional, los dificilísimos accesos a nuestras sierras Madre Oriental y Occidental que con las torrenciales lluvias desaparecían prácticamente los caminos y veredas de herradura y brechas por donde transitaban dificultosamente los carruajes desde el virreinato, en que por si fuera poco, después de la Independencia, proliferaron las bandas de salteadores de caminos. En tiempos aceptables la duración de un viaje de México a Veracruz era de cinco días y a San Luis Potosí se hacían siete.

¡Qué difícil, con la óptica moderna, imaginar las grandes hazañas de arrieros y cocheros de la época para transitar por aquellos caminos! ¡Qué difícil transportar mercaderías desde Europa hasta las Américas! ¡Cuánta lentitud para difundir la moda!

Con un poco de imaginación se puede comprender, la llegada de la moda y sus adaptaciones a una sociedad de cambios.

Una vez llegadas al eje Veracruz-Puebla-México, las actualizaciones de la moda eran llevadas a todas las regiones del territorio nacional con algunos destinos de considerables retrasos obligados por las condiciones climáticas adversas y con caminos destrozados, además de los salteadores de caravanas que tanto en la época de la Colonia como en el México Independiente, fueron un dolor de cabeza para quienes se atrevían a transitarlos.

Es oportuno reproducir algunos comentarios de Paula Kolonitz al llegar a un país desconocido, destruido por las constantes guerras, descompuesto socialmente, en fin, Paula se abisma en el paisaje, descubre los magueyes y los nopales, plantas espinosas que forman grandes cercas a los lados del camino. Caminos de

Foto 64. 30's

púas milenarias, plantas melancólicas para señalar el derrotero de los príncipes, emperadores forzosos en la tierra del maíz.

Allá se yerguen majestuosos el Popocatépetl y el Ixtaccíhuatl, gigantescos, nevados, cubiertos por las nubes.

Los caminos mejoran y una caravana de jinetes, que parecen haber crecido junto a sus caballos, por lo bien que cabalgan, sorprenden a Paula antes de llegar a Puebla que también la maravilla por sus hermosos edificios y calles amplias y bien trazadas.

En el camino entre Puebla y Cholula vuelve a sorprenderse por el gran espíritu festivo y derrochador del mexicano, cuenta hasta 770 arcos florales, cada tres metros un arco, cada minuto una ovación, un aplauso.

Nos dice Paula al respecto que ella y los demás europeos aparentaban "estar deslumbrados y orgullosos por no sentir vergüenza y sentirse ridículos en medio de aquellas extraordinarias ovaciones".

Poco después, la carroza de la Kolonitz sufre una avería y la traspasan a una diligencia ordinaria para hacer el último tramo hasta Río Frío, lugar donde las guerrillas asaltan y roban cuando menos una vez por mes. Así llegan aquellas damas europeas apretujadas en uno de los altísimos vehículos que tanto la habían horrorizado al salir de Veracruz.

Después del incidente, su humor mejora y no tiene empacho en reconocer que el país le gusta. "Finalmente, a una vuelta del camino, he aquí la hermosa Ciudad de México...... no hay en el mundo ciudad cuya posición sea más encantadora y más imponente que la de México".

Aparejada a la llegada de Paula y las otras damas de la emperatriz Carlota, llegó un alud de novedades en el vestir, que de inmediato tuvo gran influencia en la sociedad de la época, ávida de cambios

Foto 65. 30's

a pesar de las condiciones políticas por las que atravesaba la convulsionada nación, que pasaba de ser una República en situación muy frágil a un Imperio también inestable.

La historia de México y la de sus caminos y las dificultades para transportarse desde el virreinato hasta ya entrado el siglo XX en que se inicia una política de caminos pavimentados, complementarios a la extensa red ferroviaria que dejó Porfirio Díaz, es para imaginar la similitud con el resto del mundo y explicarnos la lentitud y dificultad para la difusión de la moda.

Hasta finales del siglo XIX, los cambios en la moda llegaron de Europa fundamentalmente, sin embargo, en los inicios del siglo XX, Nueva York influye también en la moda que al igual que la europea, llega también por vía marítima a través de Veracruz pasando por Puebla hacia México, de tal manera que "las novias de Josaphat", casi todas de Puebla, son prácticamente iguales en cuanto a peinados y vestidos a las de todo México, por lo que sin duda son representativas de nuestro país, pudiendo llamarse, como título de la presente obra, "Las novias de México" o algún nombre similar.

Foto 66. 30's

CAPÍTULO XIV

LAS BODAS EN MÉXICO

Hablar de bodas, refiriéndonos específicamente a algún país, como en este caso de México, de ninguna manera podemos generalizar en el sentido de que por tratarse del mismo país sean todas iguales en sus ritos y modos de realizarse antes y después del evento. Hablando del nuestro, existen grandes diferencias de las regiones del Altiplano Central, que digamos las del Norte o los estados sureños o costeros.

Por supuesto hay denominadores comunes. No fue en balde la cultura que recibimos por trescientos años de coloniaje proveniente de una fuente común, la española, con una connotación católica indiscutible, pero dada la enorme extensión territorial con regiones tan disímbolas, fuertemente influidas por muchos factores como la gran diversidad étnica que hay en México, han entremezclado ritos y costumbres locales con las importadas de España a través del Virreinato.

Tales diferencias no se refieren tanto a la ceremonia religiosa, ya que siendo el país eminentemente católico, el rito matrimonial es muy similar, incluyendo a las ceremonias de otras religiones cristianas como las de la iglesia protestante.

Previo a la ceremonia religiosa del día de la boda, según las costumbres, no necesariamente que tengan que ver con la religión, aunque es posible que de ahí deriven, es obligada la presentación de los padres del novio o familiares muy cercanos en casa de la novia para presentar sus respetos y pedir el consentimiento de los padres de ésta para permitir la boda, lo que se conoce como "pedir la mano de la novia". Hay diferentes maneras de hacerlo en las diversas regiones de nuestro país, con grandes variantes

Foto 67. 30's

a través de la historia, anécdotas tan interesantes como curiosas que llegan a nosotros, algunas de ellas con destellos de gracia, pero que en su tiempo era lo usual.

De igual manera abordaremos algunas costumbres sobre el tema y la manera de hacerlo en otros países.

En cuanto a las bodas religiosas en México, por lo general, ya en la iglesia una vez acomodados debidamente los invitados en las bancas del templo, comúnmente adornado con flores a los lados del pasillo central que da al altar, los novios son recibidos por el sacerdote o pastor en su caso, en la entrada del templo, quienes llegan acompañados en primer lugar por sus padres y en el caso de que alguno de ellos hubiera fallecido, son substituidos por algún familiar de respeto según el género, ingresando rumbo al altar, el sacerdote seguido por los pajes, generalmente niños, seguidos por las damas de la novia que a la vez anteceden al novio que entra del brazo de su madre.

Posteriormente pasan el padre del novio y la madre de la novia. El novio aguarda frente al altar la llegada de la novia que viene del brazo de su padre, todos a paso lento, quien simbólicamente entrega a la novia para iniciar la misa con todos sus simbolismos, de lazo, de arras y el clásico sermón en que el sacerdote exalta los valores de la familia y el origen de la misma, representado por la unión que se lleva a cabo y con la pregunta a los presentes si existe algún impedimento para la formalización de tal unión, de manera que en lo eclesiástico, con muy pocas diferencias, se celebran las bodas en todo el país, sin embargo en cuanto a las fiestas y reuniones antes y después de las bodas, así como en la petición de mano, como se ha dicho, es que existen diferencias significativas a lo largo y ancho de México.

Nuestro país es eminentemente tradicionalista en cuanto a guardar las formas de cortesía y "buenas costumbres", fundamentalmente en relación a la unión de las familias de los contrayentes para

Foto 68. 30's

solicitar la mano de la novia o consentimiento para la boda, cuya herencia de diversas culturas se pierde en la inmensidad del tiempo. En ese sentido hay muchas maneras de hacerlo aunque en todas se llegue a lo mismo.

En diversos niveles socio-económicos, una vez que el noviazgo evoluciona en dirección al matrimonio, cada una de las partes comunica a sus padres acerca de sus intenciones y voluntad de casarse, fijando una fecha para una ceremonia doméstica en la cual los padres del novio, o familiares de respeto en el caso de que aquellos hubiesen fallecido, visitan la casa de la novia y de manera directa exponen la razón de la visita y con el tácito beneplácito con respecto a la novia para desposarse con el hijo.

En tal ceremonia, casi siempre se recibe a los invitados, el novio y sus familiares y amigos más allegados, con una cena, habida cuenta de que tales visitas generalmente son nocturnas y se brinda por la felicidad y buena suerte de la pareja.

Como el mexicano es muy festivo, es común que a la ceremonia acudan músicos y cantantes para amenizar y no pocas veces aquello termina en un festejo aún mayor.

En los pueblos y ejidos, una figura muy mexicana de posesión colectiva de tierras, generalmente se adorna la casa de la novia con flores para recibir a los invitados y la cena usualmente consiste en servir "carnitas", una forma típica de preparar la carne de cerdo, tortillas y salsas muy picantes, frijoles rancheros y por supuesto, para continuar con la tradición de la "mexicana alegría", bebidas como cerveza, tequila o mezcal, ya se sabe que a la menor provocación", se arma en forma. La carne también puede ser de bovino a manera de asado y por supuesto es muy estimada la de caprino y ovino. En otras regiones se sirven tamales en la infinita gama de variedades que se preparan en México.

Foto 69. 30's

Es costumbre en esas comunidades, tal y como lo hacen en las bodas invitar no solo a familiares y amistades, sino hasta a los vecinos y a veces ¡a todo el pueblo¡

Como puede suceder en otros lados, hay comunidades, sobre todo en regiones rurales apartadas del Sur, en que se hacen a un lado esos protocolos y el novio simplemente se lleva a la novia y en un escenario de valores entendidos, los padres de la novia, los abuelos, bisabuelos y así por varias generaciones que en su tiempo hicieron lo mismo, "pegan el grito en el cielo", indignadísimos, para que finalmente regresen los novios "con el rabo entre las piernas" a pedir perdón y presentar sus respetos a los padres de la novia quienes a final de cuentas, los perdonan y simultáneamente inician los preparativos para la boda como si no hubiera pasado nada.

CAPÍTULO XV

LAS FIESTAS DE BODAS EN MÉXICO

Las fiestas de bodas en México o recepciones nupciales, revisten gran importancia y no hay mexicano que se precie de serlo, que deje de hacer una fiesta en grande y si la petición de mano de la novia es capaz de organizar enormes fiestas, se puede imaginar lo que las bodas pueden hacer.

Las hay de todos colores y sabores. Como en todas las civilizaciones a través de la historia, las bodas en México son consideradas como un gran acontecimiento que hay que hacerlo en grande y los gastos que se hacen en ellas suelen ser considerables. No es sello distintivo la moderación.

Foto 70. 30's

En los niveles socio económicos altos y medios de gran parte del país, lo tradicional es rentar un salón de fiestas y amenizar con una orquesta o grupo musical, pero casi siempre con música en vivo, aunque no necesariamente se dé únicamente en las clases altas.

Los invitados a la recepción, una vez llegados al salón, buscan acomodo en las mesas, aguardando la llegada de los novios, que al hacer su aparición, son recibidos con aplausos y de pie, mientras aquellos desfilan a paso lento al margen de la pista de baile y son aclamados a su paso.

Una vez terminado el paseíllo, a los acordes de la pieza seleccionada previamente por los novios, es obligado que ellos inicien el baile y una vez terminada la pieza, aparecen los padres de ambos, intercambiándose sucesivamente hasta que ya terminado el protocolo, se inicia el baile en forma, de manera que ya avanzado éste, se sirve de comer. En México, las bodas se realizan por lo general en la noche, sin embargo durante los dos tercios del pasado siglo eran muy comunes las bodas al medio día.

Tal y como lo comentó la Kolonitz en el siglo XIX, los extranjeros que asisten a nuestras bodas quedan maravillados por lo alegres, vistosas y variadas, en que además, como lo hacen en otras partes del mundo, la novia lanza el ramo de flores en la creencia tradicional de que aquella soltera que lo atrape, será la próxima en casarse.

De igual manera, el novio desprende una de las ligas de la media de la novia. En México es común que los amigos del novio en un acto de discreción y caballerosidad, "hacen pantalla" alrededor de los novios pero viendo hacia afuera para darle oportunidad al novio de quitar la liga sin exhibir las piernas de la novia.

Es entonces que el novio, una vez colocados los amigos solteros en posición de recepción, lanza la liga para que en reciprocidad con el ramo, el varón que la atrape tenga la suerte de un casamiento feliz.

Foto 71. 30's

Con pocas variables, así se realizan las bodas en el país, predominando en el sur además de orquestas y grupos tradicionales, la marimba, que es algo así como el distintivo musical de la región.

La música es variada, ya que en el centro y sur es muy común el danzón y naturalmente el género tropical, en tanto que en el norte, que está emparentado con la música tropical colombiana a través del acordeón, predominan la salsa y cumbia además de la norteña en que las polkas son muy populares y que con toda seguridad encienden a la gente. Tal vez por su cercanía con los Estados Unidos es muy apreciada la música "country" y si se piensa que por ser el norte una región mayormente árida sus fiestas serían "apagadas", se puede asegurar que éstos eventos son sumamente animados como los que más.

Por supuesto que en las fiestas en el país nunca falta el género romántico que identifica a los mexicanos desde siempre con autores y compositores que le han dado fama a nuestra música.

Por otra parte, habiendo sido el Noreste de México una amplia región que en los siglos XVI y XVII fueron explorados y colonizados por españoles y portugueses, algunos de ellos judíos conversos, no podían sino dejar algunas costumbres con fuerte influencia sefardita que le han dado ciertas características que la definen con claridad.

Las famosas tortillas de harina pudiera decirse que son herederas de la "pita", el conocido en México como "pan árabe" que es el milenario pan cuyo origen se pierde en la inmensidad de los tiempos pero que no sólo se come en los países árabes sino en todo Oriente y que es hecho con harina sin refinar, de forma circular pero más grande que nuestras tortillas de harina y era preparado por los judíos llegados a la Nueva España. Sin embargo, había otros elementos y prácticas de la cultura y tradiciones judaicas que eran realizadas de manera subrepticia ante el temor a la Inquisición

Foto 72. 30's

que castigaba severamente la celebración de ceremonias y ritos no cristianos tal y como les sucedió a los primeros exploradores y colonizadores del Noreste de lo que ahora es México, capitanes Luis Carvajal y de la Cueva y Gaspar Castaño de Sosa.

El primero fue torturado y muerto, así como su familia al descubrir que practicaban ritos judíos y a Castaño lo recluyeron en la ciudad de México hasta su muerte, no obstante que las importantes exploraciones que llegaban hasta Nuevo México se debieron a ellos como un invaluable servicio a la corona española.

Pero esa influencia sefardita alcanzó también algunos aspectos de las bodas que perduraron todavía hasta mediados del siglo XX y que no se sabe que se realizaran en otras partes de México, como lo fueron los "tálamos nupciales", que eran hechos de carrizos con sus hojas a manera de un nicho, donde era colocado un sillón para los novios y puesto en plena calle a la vista de todo el pueblo y que fue muy común en las pequeñas poblaciones y rancherías de Coahuila.

El rito consecuente del tálamo consistía en que el novio visitaba la casa de la novia, de donde salían ambos, precedidos por el juez, severamente vestido de negro y detrás de ellos, a paso lento todos, los padres de los novios y después los familiares de ambos quienes daban un paseíllo por el pueblo en una ruta designada para culminar en el tálamo, en que se sentaban los novios y entonces el juez llevaba a cabo el procedimiento legal de unir en matrimonio a la pareja a la vista de todo el pueblo.

Una vez terminada la ceremonia, iniciaba la comida para todos y posteriormente la música.

Foto 73. 30's

CAPÍTULO XVI

LAS TORNABODAS

Cuando llegué al Norte de México en la década de los 60's del pasado siglo, fue una novedad, a la primera boda que asistí, que estaba invitado a la "tornaboda" y cuando pregunté de qué se trataba, los festivos y alegres norteños, coahuilenses ellos, me respondieron extrañados por mi ignorancia, que es una reunión familiar y de los amigos más cercanos (no todos los invitados a la recepción nupcial lo son para la tornaboda), en que se sirve de comer, generalmente lo que los mexicanos conocemos como "levantamuertos", o sean platillos fuertes, picantes y condimentados como menudo, enchiladas, chilaquiles y frijoles charros, de tal manera de poder continuar con la fiesta durante la madrugada y casi siempre hasta el amanecer.

Por supuesto que para acompañar las viandas se continúan sirviendo las bebidas de la boda, además de café bien cargado para alejar el sueño e impedir el decaimiento del ánimo y si después de la fiesta nupcial propiamente dicha, a eso de las dos o tres de la madrugada termina uno cansado y con sueño, es fácil entender en qué condiciones sale uno de otra reunión, la tornaboda, agregando al cuerpo otras tres o cuatro horas de fiesta y griterío norteño.

He asistido a muchas bodas en el centro de la República como el Distrito Federal, Puebla y Cuernavaca, ciudades en donde he vivido y no encontré la figura de la tornaboda. En algunos pueblos y regiones rurales, aunque obviamente en ciertas bodas que se realizan en ciudades grandes, la fiesta se alarga y como en la lucha libre "sin límite de tiempo" y hasta que el cuerpo aguante, de tal manera en que hay algunas que pueden prolongarse por mucho tiempo más, no sólo medido en horas sino ¡hasta días!.

Foto 74. 30's

Tanto en las bodas como en las famosas tornabodas, es común la aparición de mariachis, lo que sabido es, generalmente hacen su entrada triunfal al son de la mexicanísima canción de "La Negra".

En ocasiones los cancioneros están conformados por los clásicos tríos de la canción romántica y en otros por conjuntos de música regional del norte de México que es muy popular y apreciada, a los que denominan con el extraño nombre de "fara fara" en que además de las guitarras, no faltan el violoncelo y saxofón, imprescindibles para entonar los famosos corridos, un género musical muy nuestro, excepcionalmente popular en el Norte, que evoca hechos pasados, algunos de corte revolucionario que describen con música y letra acontecimientos reales.

En las bodas que se realizan en las ciudades y pueblos norteños en que hay invitados de otras regiones del país o aún extranjeros, de inmediato se distingue a la gente local pues en cuanto se escuchan los acordes de corridos y polkas, son ellos los primeros que saltan a la pista de baile con gran entusiasmo demostrando además, saber bailar.

CAPÍTULO XVII

LAS DESPEDIDAS

En México, previo a la boda, no pueden faltar las despedidas de los novios, tanto a los varones como a las mujeres, aunque indiscutiblemente se le da más importancia a la de las novias, ya que se las pueden organizar las amigas, los familiares de la novia así como otra de parte de la familia del novio o bien coordinarse todos.

Foto 75. 30's

En la actualidad es común llevar un sobre con dinero como aportación de las amigas y familiares para enfrentar la montaña de gastos inherentes a la boda. Independientemente de tal obsequio en efectivo, se acostumbra llevar un regalo a la casa de la novia en los días cercanos al día de la boda aunque en el país pueden existir diferencias con relación a los regalos y la manera de hacerlos llegar, por ejemplo en Baja California, el regalo se hace precisamente en el evento de despedida y no en la casa de la novia ni en la boda como se hace en otras partes.

En estos eventos de despedidas se sirven generalmente platillos ligeros e informales que terminan en postres y pasteles. Es raro que se sirvan bebidas alcohólicas.

En cuanto a las despedidas del novio, indiscutiblemente son organizadas por los más cercanos amigos. En el Norte, es casi imperdonable que no se trate de carne asada y lo que menos puede faltar son las bebidas, fundamentalmente cerveza, de manera que casi siempre terminan éstas en los excesos propios de la juventud, además de las clásicas bromas que se le hacen al novio en que se dice que palidecen con respecto a las que se le hacen a la novia.

CAPÍTULO XVIII

LAS BODAS EN OTROS PAÍSES

Nunca podrá decirse que las bodas en tal o cual país sean iguales en toda su extensión territorial. Todos los países, pequeños o grandes comprenden regiones diferentes con costumbres y tradiciones diversas de las cuales no escapan aquellas relativas a las bodas. Sin embargo casi siempre es posible encontrar alguna similitud en ellas.

Foto 76. 30's

En Estados Unidos, tanto las bodas propiamente dichas como las despedidas son en general más sencillas y austeras, aunque por la impresionante diversidad de culturas, religiones y nacionalidades que componen el mosaico social del país, es obvio que no existe un modelo único o común denominador para describir las ceremonias nupciales.

Una boda en la comunidad judía, difiere mucho de otra representativa de cualquier país europeo, llámese italiana, alemana o griega y ni qué hablar de las grandes comunidades latinoamericanas en que aún provenientes de un país en particular pueden encontrar diferencias, pero en todas, tal y como sucede desde siempre en todo el mundo, la capacidad económica es la que tiene la última palabra en estos eventos.

Nada más hay que recordar algunas películas cinematográficas en donde se realizan bodas en vastos y bien cuidados jardines, casi de fantasía, que retratan fielmente a las clases pudientes en millonarios festejos como en la realidad sucede.

Pero esto por supuesto que no es lo común. Las bodas en ése país, digamos de la clase media, no la holywoodesca, son muy ordenadas y elegantes con templos muy bien ornamentados con flores, muy limpios y bien cuidados, pero en lo general, tanto en la ceremonia religiosa como en la fiesta, son indiscutiblemente más moderados. Las ceremonias católicas y protestantes tienen similitudes y los templos lucen impecables.

Hay una pasarela de damas de compañía muy elegantes que preceden la entrada del novio primero, para que posteriormente lo haga la novia acompañada de su padre o familiar cercano, varón, en sustitución de aquel cuando el caso lo requiere.

Música y coros con cantos de corte clásico, siendo muy común la presencia de un pianista y algunas veces se interpreta en coro o solista música moderna.

Foto 77. 30's

Como en todo el mundo, el sermón del sacerdote o pastor y al término de la ceremonia, a la salida de los novios, aplausos primero y lluvia de granos de arroz en el exterior.

Los costos de ambas ceremonias son cubiertos en general por los padres de la novia, pero tal y como sucede en otros países, incluido México, son los novios quienes cubren los gastos cuando la economía de los padres de la novia les imposibilita hacerlo.

En los Estados Unidos no es común que el baile de bodas se amenice con música en vivo, es decir con orquestas, por el gran costo que ello significa, por eso generalmente se toca música grabada sin que haya diferencias significativas con respecto a la música viva.

BRASIL:

En Brasil, un país menos tradicionalista que el nuestro, y por lo tanto sumamente liberal, prácticamente pasan por alto, aunque es claro que pueda haber excepciones, el rito de la pedida de mano, así como algunas prácticas que en las sociedades mexicanas serían impensables en términos generales.

Los brasileños son sumamente prácticos. Cuando hay un enamoramiento y existe afinidad entre la pareja, simplemente toman la decisión de vivir juntos, o bien cuando ellos lo deciden, se presentan ante un juez y llevan a cabo la unión legal, pero si ésta no se realiza, no pasa nada, nadie se asusta y millones de parejas viven felices así hasta su muerte, entendiendo que la armonía y felicidad radican solamente en la correcta decisión de ellos al unirse por la vía que sea, fundamentando la solidez y fortaleza de la unión en el respeto mutuo y el gusto de vivir y compartir juntos su existencia dentro de un marco de libertad.

En algunas altas esferas sociales, tal vez por mero glamour o presunción social, las bodas son la ocasión perfecta para exhibir el status de riqueza y poderío y entonces, mucho de lo que

Foto 78. 30's

cotidianamente vemos en otros países tradicionalistas, también lo vemos en Brasil. En lo eclesiástico, no obstante, no existe el rito del lazo ni de las arras.

Respecto a las fiestas de boda cuando llegan a realizarse, no se requiere de mucha imaginación para saber que los brasileños se pintan solos para hacerla grande con su característica alegría y el gran ambiente que le saben poner por cualquier pretexto.

VENEZUELA.

Las bodas en Venezuela son muy parecidas a las de México, entendiendo que en el país sudamericano son menos tradicionalistas y el protocolo es más sencillo. Para empezar las despedidas que se les hacen, son a la pareja junta, en donde se congregan amigos y familiares que son los que las organizan, pero no separadas como en México.

En la ceremonia eclesiástica, tal y como en Brasil, no se usa el lazo ni las arras, siendo el cortejo igual que en México, pero generalmente es la hermana de la novia la dama de honor y antecede a las demás a la entrada de la iglesia.

Una curiosidad de Venezuela es que se tiene la opción de misa corta o larga según el gusto de la pareja y al terminarla es común que se enciendan fuegos artificiales, así como arroz a los novios y burbujas de jabón.

Con relación a la fiesta, el género de música es fundamentalmente de corte tropical, salsa, merengue, pero es muy gustada la llanera y el joropo.

Al igual que en México, en Venezuela es común que una vez avanzado el baile y como preludio de su finalización, llega la que bien denominan los venezolanos "la hora loca", en que se reparten sombreros, velos y una infinidad de objetos para que

Foto 79. 30's

se los coloquen las parejas, generalmente las más jóvenes y le pongan más ambiente, con desfile de participantes en cadena y frecuentemente a ritmo de samba por toda la pista de baile.

CUBA.

En Cuba las bodas y uniones de parejas por sus particularidades merecerían ser tratadas en capítulo separado.

Independientemente de los cambios que el rito y las costumbres de unirse en pareja de los cubanos se han dado tan drástica y dramáticamente, digamos en medio siglo, a diferencia de lo que ocurre en la generalidad de los países occidentales, la unión de las parejas en Cuba, tiene una fuerte connotación política, de tal manera que aquellas han sido poderosamente influidas por el régimen comunista desde el triunfo de la revolución castrista.

Antes de que esto ocurriera, o sea hasta el año de 1959, los noviazgos y las bodas, guardando las distancias por la manera práctica e históricamente menos apegada a las tradiciones que todavía se ven en México, tendrían pocas diferencias notables en términos generales tanto en las relaciones prematrimoniales como en las bodas propiamente dichas.

Los varones, una vez declarada la condición de noviazgo, como sucede en muchos países, incluido el nuestro, usualmente visitaban a la novia en su casa y a la vista de los padres de ella, quienes aceptando tales visitas, tácitamente aprobaban la relación y la potencial boda.

También existía en Cuba la petición de mano de la novia aunque con menos protocolo con respecto a las costumbres mexicanas y en la ceremonia eclesiástica no existía el rito del lazo y las arras.

Al triunfo de la revolución, se inician cambios muy profundos, totalmente radicales.

Foto 80. 30's

Se prohíbe la afluencia a iglesias y se sataniza todo aquello que huela a religión, se suspenden las bodas eclesiásticas y solamente las personas muy conservadoras y arraigadas en la religión católica continúan en la clandestinidad con sus ritos y rezos. Cierran las iglesias y la sociedad sufre un drástico cambio.

Las nuevas generaciones nacen y crecen sin instrucción religiosa y se empiezan a relajar en las tradiciones y costumbres que si bien en Cuba no eran tan arraigadas, tienden a desaparecer por completo.

Es muy notoria la apertura sexual y los noviazgos nacen y se desarrollan fuera del hogar de ambos, ignorando los padres quiénes son las parejas de sus hijos, los que simplemente se juntan y hacen su vida aparte, completamente independientes y ajenos al seno familiar.

Por supuesto que la famosa pedida de mano y las bodas religiosas son cosa del pasado, transcurriendo la vida de las nuevas sociedades como si aquellas costumbres jamás hubieran existido porque sólo de refilón algunos de los jóvenes las llegaron a escuchar de padres y abuelos, viéndolo todo como historia o aún como ridículo y obsoleto.

Pero si la familia ancestral no tiene peso en cuanto a la vida y futuro de los nuevos niños, el totalitarismo se hace presente a través del régimen revolucionario que desde el mismo nacimiento y en el propio hospital, casi de inmediato queda registrado.

Como sea, es notoria en Cuba la preocupación oficial por proporcionarle a la población en general, pero especialmente a las futuras madres, todos los cuidados y servicios médicos en excelentes hospitales no sólo por el equipamiento e instalaciones sino por el nivel profesional de médicos y enfermeras que le han dado prestigio al país en esa área al igual que en la educación, siendo la primera nación en América Latina en desterrar el

Foto 81. 30's

analfabetismo y mantener un alto nivel académico, empezando con la medicina, entre los más altos del mundo, pero sin libertades.

Sin embargo, con el nacimiento del Sindicato de Solidaridad de Lech Walesa ya hace décadas, así como la Perstroika de Gorbachev en la ahora extinta URSS que culminó con la caída del Muro de Berlin en 1989, Fidel Castro empezó a oír "pasos en la azotea" e inicia una política de apertura, empezando con el permiso de asistir a las iglesias, que después de décadas abren sus puertas a la feligresía que tímidamente reinicia sus cultos.

Así mismo nace otra figura para llevar a cabo las bodas que recuerdan un poco los tiempos previos a la revolución, pero solamente para aquellos que tengan el dinero suficiente para pagar los servicios.

Se trata de los "Palacios de Novias" que no son más que las residencias más lujosas de la Cuba anterior al régimen revolucionario que fueron confiscadas al triunfo de Castro, habilitadas ahora para realizar bodas, en donde hay estilistas, fotógrafos y renta de trajes para él y para ella. También hay registro civil, pero lo que tienen que pagar por esos servicios y "facilidades" no está al alcance de todos.

Si alguien se pregunta de dónde sale el dinero para pagar todo eso, la respuesta está en las remesas provenientes del extranjero, obviamente para los afortunados que tienen familiares fuera de Cuba y con capacidad de hacerlo.

También hay particulares que rentan los trajes para aquellos novios que puedan pagar y prácticamente nadie compra o manufactura traje alguno especialmente para tal ocasión.

Las pocas fiestas de bodas que se realizan, se llevan a cabo en casas particulares aunque hay salones que se rentan.

En general no hay viaje de bodas, excepto cuando se realizan en el "palacio" y solamente se puede hacer en aquella provincia en

Foto 82. 30's

la que se lleva a cabo y no en hoteles para el turismo extranjero, existiendo una cadena de modestos hoteles en donde sí pueden registrarse los cubanos.

Cuando hay bodas en que participa un extranjero, o ambos, novia y novio, el asunto pasa a la Consultoría Jurídica Internacional que es la instancia que decide las reglas, tales como hoteles con paquetes, organización de la misma boda y los viajes.

POLONIA

Siendo Polonia un país eminentemente católico, resulta tradicional que los ritos eclesiásticos de las bodas se realicen como ha sido a través de su historia, muy apegada a los principios de la propia religión.

Durante la II Guerra Mundial el país fue invadido por las fuerzas alemanas y ante la persecución de los judíos, se desquició el orden establecido, cambiando dramáticamente todas las formas de vida de los polacos.

Si bien ha existido una fuerte y vigorosa presencia católica, la enorme población de origen judío fue acosada brutalmente por las fuerzas de ocupación, aprehendida y enviada a los campos de exterminio, por lo que al vivir en la clandestinidad en un desesperado esfuerzo por escapar de los agentes nazis, cesaron las reuniones de todo tipo, con excepción de aquellas organizadas para escapar de la barbarie hitleriana.

Es obvio que hasta las bodas de la población no judía sufriera alteraciones y pérdida de libertades a causa de la cerrazón policíaca que fue minando los espacios sociales tradicionales en un ambiente de desconfianza y muerte.

Una vez terminada la guerra y tras el Pacto de Varsovia, ahora la ocupación rusa es la que no permite que los polacos vuelvan a la normalidad y si bien no existía una persecución religiosa abiertamente, sí había presiones del régimen comunista, que no veía con simpatía los aspectos religiosos, entre ellos las bodas.

Foto 83. 30's

Para llevarlas a cabo, el novio iba por la novia y la llevaba a un lugar particular como podía ser una casa familiar, adonde subrepticiamente llegaban uno a uno los familiares e invitados y ahí se llevaba a cabo la unión religiosa y una vez terminada la ceremonia, así como fueron llegando, salían del lugar y retornaban a sus actividades cotidianas. Era muy frecuente que si eran descubiertos tanto organizadores como invitados prominentes, amanecían al día siguiente despedidos de sus trabajos sin mayor explicación.

Después de la caída del Muro de Berlín, en donde curiosamente dos ilustres polacos, Carol Wojtila y Lech Walesa tuvieron una fuerte influencia para que eso sucediera al conmover y movilizar a la opinión pública mundial en torno a la obsolescencia de un régimen totalitario, empobrecedor y retardatario, que ya nada tenía que hacer en el terreno sociopolítico de la URSS y sus satélites.

A la emancipación del pueblo polaco, libre ya del yugo soviético, las cosas han vuelto a la normalidad, entre otras cosas, lo que es nuestro tema, los casamientos y ritos eclesiásticos, que como una curiosidad, otra más, cuando uno de los contrayentes es extranjero, las leyes de Polonia son sumamente estrictas y cuidadosas acerca de la calidad del mismo, por lo que es investigado en aquellos países en que ha vivido, algo así como un rastreo de honorabilidad, a fin de dar certeza de su soltería y darle firmeza y legalidad a la unión civil y religiosa.

ALEMANIA

Las ceremonias religiosas en Alemania se asemejan algo a las de los Estados Unidos. Es común la creencia en algunas regiones que según el número de granos de arroz que quedan atrapados en el velo de la novia a la salida de la iglesia, será el número de hijos que tendrá la pareja.

Como suele hacerse en otros países, principalmente en poblaciones pequeñas, incluido México, el auto nupcial, una vez

Foto 84. 30's

concluidas las ceremonias eclesiástica y civil, da una vuelta por las principales calles, encabezando una caravana de autos de los amigos más cercanos haciendo sonar sus bocinas por toda la población, recibiendo aplausos de la gente a su paso.

Los alemanes tienen fama de gastar bromas relativas a las bodas, dirigidas a los novios precisamente en la noche de bodas, como llenar a escondidas el cuarto nupcial con globos o colocar en diversos puntos y escondrijos, despertadores programados en horas distintas en el lapso de tiempo que calculan estarán "ocupados" los recién casados.

Se dice que en España suelen hacer las bromas más pesadas y variadas con el mismo objeto. Indiscutiblemente tal tipo de bromas, como en cualquier parte, dependen del carácter de la pareja, del círculo de amigos y la forma de llevarse, existiendo una infinidad de reacciones y conductas entre amigos y, por supuesto la tolerancia ante las diferentes bromas, ante lo cual no hay nacionalidades pudiéndose dar en cualquier parte.

En México no es común hacer bromas a los novios en su noche de bodas, sin embargo en las respectivas despedidas, tanto al novio como a la novia, son muy frecuentes pero se dice que las hechas al novio palidecen con respecto a las de la novia.

ARABIA SAUDITA

En Arabia Saudita y muy posiblemente en los países árabes en general, el novio, acompañado de sus familiares masculinos más allegados, se hacen presentes en la casa de la novia en donde son recibidos por los familiares de la novia, también exclusivamente varones, quienes después de dialogar e intercambiar acuerdos acerca de la boda, abandonan la casa o recinto, dejando al novio para su encuentro con la novia, los que ya están formalmente casados ante Alá y es entonces cuando se inicia la fiesta,

Foto 85. 30's

solamente entre mujeres, las que bailan y comen mientras los novios consuman el matrimonio en el lecho nupcial.

Por lo contrario, en algunos países de Occidente, el asunto de las bodas es mucho más sencillo y relajado ya que muchas parejas viven en unión libre, pero aquellas que deciden formalizar su unión, la noche previa a la boda, simpática cuanto rara ocurrencia, duermen separados y en diferentes casas.

NORUEGA

Independientemente de la ceremonia eclesiástica, muy semejante a las de otros países europeos con raíces cristianas, algo que vale la pena comentar y que es una bella costumbre, es aquella en que el novio en plena fiesta nupcial, le dirige unas palabras a la novia expresándole su amor y sentimiento de considerarse afortunado por haber sido correspondido en su relación.

Foto 86. 30's

CAPÍTULO XIX

LAS BODAS PACTADAS.
UNA DEL NORTE

En el mundo occidental del siglo XXI, resulta difícil entender lo que hasta mediados del pasado siglo podía verse en ocasiones: las bodas pactadas por los padres de los novios, supeditadas a intereses económicos, familiares o por simple amistad de los padres de las "víctimas", haciendo a un lado el concepto relativo al entendimiento o vínculo amoroso de los novios.

Indiscutiblemente que éstas prácticas aún persisten en otras culturas pero sería muy raro encontrarlas en el mundo occidental y aún menos en las zonas urbanas, pero de que las hay, las hay. En el México actual perviven muchas variantes de acuerdos para llevar a cabo uniones de éste tipo sobre todo en algunas etnias, quizá derivadas de costumbres prehispánicas que como herencia cultural, llegan hasta nuestros días.

Anécdotas debe haber por miles en tal aspecto, todas interesantes porque nos dicen algo del pasado, de nuestra historia, no sólo del país sino del hombre en general y cuando no es una tragedia, es una delicia escuchar algunas de ellas como la que les voy a contar y que sucedió en el Norte de México a mediados del siglo XIX.

Corrían los 60s de aquel siglo, más o menos coincidentes con la Batalla de Puebla en 1862, para ubicarse mejor en los tiempos, cuando Jesús de la Fuente, vecino de la Villa de Nadadores, Coahuila, región muy famosa por su agricultura y producción de trigo de la más alta calidad, decidió, probablemente sin el punto de vista de su esposa y todavía menos del de su hijo primogénito, llamado también Jesús, que éste ya estaba maduro

Foto 87. 30's

para el matrimonio y por lo tanto habría necesidad de buscarle compañera.

Don Jesús, próspero agricultor no solamente conocido en la región, sino ampliamente respetado por todos y amigo de otros agricultores y ganaderos de la vecina Villa de San Buenaventura, separadas ambas por acaso seis kilómetros, en una de tantas veces que se encontró con alguno de ellos, platicando de lo más común que es el tema de los tiempos de siembra, de las lluvias atrasadas o de las vacas paridas. Hay que imaginar aquella época sin las diversiones o distracciones que ahora hay, pero que de todas maneras hacían de la vida una delicia en que la tertulia hacía aflorar cosas siempre interesantes de qué platicar, aunque no nada más del campo y de sus actividades cotidianas.

Por aquella época, el trigo de altísima calidad que se producía en la región, cuya variedad se fue dando a través de muchas décadas de escrupulosas selecciones y cultivos que esos hombres realizaban, tenía una gran demanda no solamente en la región y otras partes del país sino que era exportado en grandes volúmenes a San Antonio de Béjar y de ahí se distribuía a otras ciudades de Texas y aún fuera de ése estado pues el sabor exquisito que se obtenía en las tortillas de harina, fundamentales en la dieta de los norteños, era sumamente apreciado.

Los cargamentos de trigo y de harina ya procesada la realizaban en grandes caravanas compuestas por carretas tiradas por bueyes en viajes que duraban casi un mes desde Nadadores, pasando miles de penurias y dificultades durante la travesía, avanzando un promedio de cuatro o acaso cinco leguas por día, algo así como veinte kilómetros cuando mucho. De ahí el carácter recio de aquellos hombres de leyenda y el porqué de sus pláticas cotidianas e interesantes, preparando la logística y los avíos necesarios para acometer el acarreo de sus productos que se antojan más bien como odiseas y no como simples caravanas comerciales.

Foto 88. 30's

Así, entre tanta plática acerca de sus cultivos y la comercialización de sus productos, en alguna ocasión se tocó el tema de los hijos casaderos, ya que sabía que ese amigo tenía varias hijas, habiéndole echado el ojo a Laura, la mayor de ellas y la más bonita, comentándole que estaría bien en hacerse compadres a través de la boda de sus respectivos hijos, toda vez que sus edades eran adecuadas para el efecto.

La respuesta fue de inmediata aceptación por tratarse de dos familias muy parecidas, prósperas, educadas y respetuosas, acordando de que próximamente, para cubrir el protocolo de rigor, Don Jesús iría a la casa de su amigo a solicitar la mano de la linda Laura.

Por fin, llegó el día que decidió acudir. Lo hizo por la tarde casi ocultándose el sol. Horas antes les pidió a sus hermanos, personas ya de edad como él, así como a otros dos amigos de respeto que se vistieran de lo mejor, de acuerdo a la ocasión y darle la solemnidad que el caso ameritaba para integrar la comisión y pedir la mano de la hija de su amigo, según la costumbre de la época en el Norte.

No sólo era la pedida de la mano de Laurita. Habría que tratar otros puntos también importantes como la fecha de la boda, ponerse de acuerdo con respecto a la iglesia, la recepción, gastos y por supuesto la dote, ya se sabe, una boda entraña una serie de puntos, que como cascada van apareciendo y como personas ordenadas y respetuosas de sus tradiciones no podían dejar cabos sueltos.

Los seis kilómetros que separan a ambas poblaciones, les llevarían una hora de recorrer aquel camino polvoriento, rodeado de enormes sembradíos de trigo, teniendo como fondo las indescriptibles montañas de la Sierra Madre que daban un espectáculo espléndido entre el verdor de la vegetación y lo rocoso y agreste de los cerros. Tal recorrido lo hacían en unas

Foto 89. 30's

carretelas de cuatro ruedas tiradas por caballos que en Coahuila se conocen con el pintoresco nombre de "exprés", Asiento en la parte delantera para dos o tres personas. Estribo para el ascenso y descenso y caja de carga atrás, muy útil para las faenas del campo y que todavía son usados en la actualidad en las lejanas rancherías y ejidos.

Pues bien, al llegar a San Buenaventura ya entrada la noche, fueron recibidos en casa de su amigo y futuro compadre. Fueron bien acogidos por toda la familia, ahí estaba Laurita, invitándoles a sentarse en la sala mientras las chicas y la madre preparaban un chocolate caliente con repostería que a las visitas les caería de maravilla, dadas las frías condiciones de aquella noche otoñal.

Don Jesús, un hombre inteligente y colmilludo, a la vez que exponía el motivo de la visita y el porqué de la comitiva, pero aún sin mencionar el nombre de la hija cuya mano iba a pedir, aunque era evidente de que se trataba de Laura, tal vez por la indiscreción en alguna plática por parte de quien algo sabía a quién iba dirigido desde un principio el dardo, observó que otra de las hermanas de Laura, de nombre Pioquinta, también bonita pero sin llegarle a la hermana, sobresalía entre todas por su diligencia y cualidades de anfitriona, siempre sonriente y atenta con las visitas, de manera que en ese momento decidió que resultaba mejor pedir la mano de Pioquinta que la de Laura, lo que hizo de inmediato y de igual manera le fue concedida sin mayores preámbulos ni cuestionamientos, tal y como era posible que en ésa época algo así sucediera.

La perplejidad de los demás miembros de la comitiva con el cambio de jugada de Don Jesús era evidente, sin embargo, en un gesto de discreción y respeto por la intempestiva cuanto inesperada decisión, anfitriones y visitantes, no chistaron ni preguntaron al respecto, de manera que no hubo comentario alguno más que mostrar el beneplácito por la unión de ambas familias, lo que quedó sellado con un brindis coñaquero por la felicidad

Foto 90. 30's

de la futura pareja, despidiéndose ceremoniosamente como se acostumbraba en la época y acordando nuevas entrevistas para los preparativos de la boda.

Durante el trayecto de regreso, los compañeros de Don Jesús no dejaban de pensar en el cambio súbito de las fichas, "que en vez del violín fue el violón" y ya tarde, en aquella noche estrellada y fría, llegaron a Nadadores para darle la noticia al hijo de Don Jesús, que además de la inicial sorpresa, con toda seguridad pensó que "ya entrado en gastos, lo que Dios diga", de manera que todos contentos se dedicaron bien pronto a organizar la boda y el fiestón que uniría a las dos familias de ambas poblaciones, la cual se realizó poco después y cosas de la vida, como en los cuentos de Andersen, tuvieron muchos hijos y fueron muy felices, dejando una descendencia también prolífica y muy apegada al trabajo como buenos norteños, tocándome a la postre, poco más de un siglo después, casarme con una de las descendientes de aquella memorable pareja, Beatriz, tan hacendosa como Pioquinta y, doble suerte, tan linda como Laura.

CAPÍTULO XX

UNA DE GRIEGOS

Timoteo era un muchacho sumamente trabajador en su natal Salónica, Grecia, allá en los albores de los años 30s del pasado siglo. Su apellido me lo reservo pero puedo asegurarles que la historia es cierta.

Sin embargo los nombres y apellidos cuando se narran algunas historias como ésta, pasan a segundo término pues lo que vale

Foto 91. 30's

la pena es la narración de lo que sucedió, tal y como me lo contó una de sus hijas.

Grecia, como la mayor parte de Europa, se encontraba devastada económicamente. No se acababan de reponer de los efectos de la 1ª. Guerra Mundial cuando ya se olfateaba la proximidad de otra gran guerra, de ahí que aquellos pueblos sufrían la tremenda crisis económica y escasez de productos, pero lo más preocupante era la falta de oportunidades de trabajo y de superación personal.

Fueron los tiempos en que por esas razones se dieron los grandes movimientos migratorios de legiones y legiones de europeos que veían derrumbarse las economías de sus países, sin embargo podían ver una lucecilla de salvación al final del túnel, al menos como ha sucedido a través de la historia, con los audaces, los más hábiles y soñadores. Esa luz tenía un nombre: América.

América en todo el sentido de lo que es, tal y como se debe interpretar, o sea el continente entero y no como se lo han adjudicado los Estados Unidos.

En Europa se hablaba de las interminables extensiones y riquezas de países como Brasil y Argentina que emergían en el concierto de las naciones como grandes productores agrícolas que demandaban mucha mano de obra calificada. Además se hablaba de otros países no tan extensos pero igualmente exitosos y prometedores como Venezuela, Uruguay y Colombia, que le daban la bienvenida a la experiencia y conocimiento de los europeos en varias ramas de la economía pero fundamentalmente, como ha sido demostrado a través de la historia, que como un filtro de la conducta humana, en que por algo hay individuos que se deciden a salir de donde están, renunciando al inmovilismo y la mediocridad, decidiéndose a dar el gran salto, movidos por la bendita ambición de hacer algo en la vida y acometer riesgos, esfuerzo y trabajo con la esperanza de la superación, antes que permanecer en el mundo de la intrascendencia.

Foto 92. 40's

México en aquel entonces se recuperaba en todos sentidos de los efectos de la revolución y de los ajustes sociales que también provocó la llamada Guerra Cristera, situación empeorada por las encarnizadas luchas de militares, civiles y toda esa fauna capaz de todo, preferentemente lo perverso, con tal de llegar al poder.

Pero aún así y gracias a la revolución se dio a conocer nuestro país en todo el mundo, apareciendo ante los ojos europeos también como una nación con los recursos y vigor suficientes para las expectativas de superación y oportunidad de trabajo y riqueza.

En esa década de los 30s llegaron a México alemanes, sirios, libaneses, españoles y......... Timoteo.

El buen Timoteo era un muchacho muy inquieto y trabajador. De alguna manera supo algo de México que lo sedujo. Su mente ya no lo dejó quieto, imaginando al país de mil maneras, todas positivas, llenas de esperanza de que muchas cosas buenas pasarían. A él como a muchos suele suceder, tal vez como presentimiento, tal vez como un cúmulo de ideas que gravitan sobre la cabeza con pensamientos audaces, de aquellos que a nadie más se le ocurren por lo difíciles de realizar, y que algunos bien pueden llamar sueños.

Bueno, el caso es que Timoteo concluyó que México era el lugar adonde quería llegar, pero ¿ cómo llegar hasta tierras tan lejanas?. Por principio de cuentas alcanzar el otro extremo del Mediterráneo, tal vez hasta algún puerto de Italia o España, que era sabido partían regularmente vapores hacia México y el Caribe y por lo tanto, él pensaría que la primera etapa de su proyecto debía ser acercarse al Atlántico a como diera lugar por lo que puso manos a la obra y todo empeño para ahorrar hasta el último céntimo de los exiguos recursos que conseguía haciendo todo tipo de trabajos y mandados que le caían, preguntando a cuanto marinero cruzaba en su camino, algo que no se le dificultó en un ambiente tradicionalmente marino como se le conoce a Grecia, en especial la región de Salónica.

Foto 93. 40's

Es posible que alguno de esos marineros hubiera viajado México en alguna ocasión y hablarle del país, con toda seguridad le platicó la manera de viajar con pocos recursos y orientarlo acerca de la ruta más adecuada para navegar aquella enorme distancia entre Grecia y México, que en tal época y en esas condiciones se antojaba insalvable.

Pero había un gran motor que impulsaba al buen Timoteo. Además de querer dejar atrás las limitaciones económicas, había un factor todavía más poderoso: estaba enamorado de una linda chica a la que prometía un mejor futuro. En México, sí, en pleno continente americano, tierra toda de promisión y nuevas expectativas de millones de europeos que soñaban con un mundo de oportunidades y trabajo remunerador.

Grecia y los Balcanes ya no ofrecían nada alentador para la población y menos para los jóvenes en edad laboral. Eso era lo que pasaba en gran parte de Europa, sufrían los estragos que les dejó la Primera Guerra Mundial y lo que veían por todos lados era pobreza y escasez, no solamente de alimentos sino de productos en general, de manera que el nivel de vida de la población era sumamente precario. Aparte ya se oía hablar de las intenciones expansionistas de la Alemania de Hitler y ya nadie dudaba de su autoritarismo y la persecución que sufrían algunos grupos de la población, especialmente en contra de los judíos, lo que puso en guardia a toda Europa, no sólo a Alemania.

Mitad realidad, mitad sentido común, se presentían cambios muy importantes en todo el continente europeo. Por ello Timoteo, igual que cientos de miles de europeos volteaban la cara hacia nuestro continente como una opción salvadora.

Sin más tiempo que perder, habló con el padre de la novia, haciéndole saber de sus pretensiones de boda, lo que de momento era imposible. Por un lado reconocía su nula perspectiva de ofrecer una vida decorosa a la futura esposa. Vaya, ni siquiera

Foto 94. 40's

estar en la posibilidad de mantenerla y por otro lado la renuencia del padre a dar la mano de una de las hijas al novio pobretón.

Pero el mismo novio pobretón dejó ver su intención de viajar a tierras lejanas en busca de una posición económica como para merecer a la hija en matrimonio, por lo que llegó a un acuerdo con el padre en el sentido de viajar a México por su cuenta y buscar algún trabajo que le permitiera ahorrar lo suficiente para establecerse decentemente y una vez estabilizado, enviar el dinero para el ajuar de la novia y los gastos inherentes, entre otros el del pasaje para México.

Timoteo estaba más que decidido a iniciar la empresa de su vida y consultando aquí y allá en su ciudad portuaria, encontró por fin las condiciones para su aventura, embarcándose en un vapor, que tal y como lo había proyectado, aconsejado y debidamente asesorado por cuanto lobo marino se cruzó en su camino, para navegar por todo el Mediterráneo hasta España y de ahí a México.

Es de suponer que Timoteo debió trabajar en las faenas de la embarcación como lo han hecho tantos aventureros y ahorrar lo que no tienen con tal de viajar y llegar lejos, tanto así que como en este caso, después de varios meses, al fin llegó a Veracruz.

Ahí empezó a trabajar en todo lo que le caía. De ahí partían grandes cargamentos de muy variados productos que Europa requería de urgencia, lo mismo productos agrícolas como minerales. Había que echar a andar la planta productiva europea, la que de todo carecía y por lo tanto Veracruz era un hervidero de actividad y trabajo no faltaba, aún para Timoteo que ni idea tenía del idioma español pero el que sabe y quiere, no necesita de palabras para darse a entender en cuestiones de trabajo y si la intención fuera asentarse en el puerto, él abría las puertas sin mayor apuro, sin embargo no era ése el propósito sino llegar a la gran Ciudad de México, el proyecto original. Era mucho lo que había escuchado de la capital y todavía eran mayores las expectativas de encontrar algo más.

Foto 95. 40's

Después de algunas semanas de reparar energías y de ahorrar unos pesos en diversas faenas, tiempo que le sirvió para reponerse del choque cultural de los primeros días, pueblos y costumbres tan diferentes a los suyos que encontró en Veracruz y la región, que además le permitió aprender lo que llamamos idioma de supervivencia, indispensable para continuar con su aventura mexicana.

Timoteo se sintió capacitado para dar el salto final y emprender el viaje a México por ferrocarril, la primera línea férrea del país inaugurada desde el siglo XIX, prácticamente la única manera de viajar entre el puerto y la capital.

Muy pronto comprendió porqué se hablaba entre la marinería acerca de nuestro país. Veracruz lo había dejado impresionado por su belleza y alegre ambiente, lo que era francamente afín a su carácter y al de los alegres griegos. Diferentes pero con el común de la alegría y el cálido ambiente de ambos pueblos.

Tan pronto se puso en marcha la clásica locomotora de la época, tan familiar entre los mexicanos porque la revolución se hizo montada en ella, arrastrando sus pesados vagones de carga y pasajeros, Timoteo quedó embelesado con el paisaje que le esperaba en el pintoresco cuanto impresionante viaje a la capital.

Ya conocía paisajes bellísimos de su tierra y las zonas montañosas de los Balcanes pero el panorama del exuberante trópico primero, para continuar con el ascenso y alcanzar la Sierra Madre con la impresionante vegetación tan variada y diferente a lo antes visto, iba de sorpresa en sorpresa no solo por lo exótico del paisaje, sino por lo risueño y alegre de los pueblitos y aldeas por las que iba pasando, las gentes saludando a los pasajeros del tren, ofreciendo una enorme variedad de mercaderías y alimentos al detenerse en las modestas estaciones.

Foto 96. 40's

El escenario reafirmaba que había tomado la correcta decisión pues además saltaba a la vista la riqueza del país, certificado de garantía de ser terreno fértil para trabajar y prosperar.

Viajar por esa región, en pleno trópico de altura y observar el Pico de Orizaba con sus nevadas cumbres, es indescriptible, dejando estupefactos a todos los pasajeros, pero los más impresionados eran los extranjeros que al igual que Timoteo veían plácidamente el paisaje desde la comodidad del tren.

La esperada llegada a la Ciudad de México también fue grata. El olfato de aquellos aventureros que se atreven a hacer las cosas que a veces se antojan imposibles y acometer lo que para otros es impensable, no falla.

La ciudad en aquella época rebasaba fácilmente el medio millón de habitantes, perfilándose rápidamente hacia el millón y Timoteo vio a una ciudad rica, como siempre lo fue desde la Colonia, claro, con un marcado contraste entre la opulencia y la pobreza, sin embargo, como siempre se ha demostrado y con la experiencia de miles de migrantes venidos de muy diversas latitudes, pero con talento y muchas ganas de trabajar, han encontrado en este rico país, no sólo la manera de sobrevivir sino llegar a hacer fortunas nada despreciables.

Una ciudad tan dinámica, tan grande y multicultural como es México, era capaz de impresionar a cualquiera, además de su belleza arquitectónica, por lo que podemos imaginar a un joven griego y provinciano en medio del bullicio y algarabía de los mexicanos tan diferente a la de los griegos.

Timoteo conocía algo de la limpieza de trajes y telas de lana, por lo que rápidamente consiguió empleo en una tintorería, desarrollando sus conocimientos en el oficio y algunas técnicas desconocidas que ayudaron a mejorar la calidad de los trabajos del negocio.

Foto 97. 40's

Bien pronto prosperó, adaptándose mejor a su nueva vida mexicana y ahorrando de poquito en poquito, fue como decimos los mexicanos "juntando sus centavitos", pero siempre con la idea de enviar dinero a Grecia para costear el pasaje de la novia y casarse aquí en su nueva tierra.

En México, que somos muy dados a los refranes y dichos que encierran una gran sabiduría popular, podemos aplicar aquel que dice "que jalan más dos tetas que dos carretas" y que para seguirle diremos "que queda como anillo al dedo", de manera que teniendo siempre en la mente de Timoteo la añoranza de la tierra dejada en ultramar, pesaba aún más la de la novia que una vez ahorrados los recursos suficientes, pronto la tendría en el país.

Inteligentemente pensó primero instalarse con negocio propio para asegurar su autonomía económica una vez casado y evitarle a su esposa las carencias con que vivían en Grecia, de manera que una vez reunida la cantidad suficiente para montar su propia tintorería, hizo los arreglos necesarios para ello, y así, convertido ya en un empresario, modesto pero empresario al fin, ya todo fue cuesta abajo incrementándose sus entradas económicas con firmeza y con la seguridad que proporciona el gran logro obtenido que es el sueño de todo inmigrante.

En esas condiciones llegó el gran momento para mandar a traer a la novia enviando los recursos necesarios para el pasaje de la paloma hasta México y así realizar su sueño para cumplir con su proyecto original.

La espera resultaría para Timoteo exasperante, ya se sabe que cuando tenemos un objetivo importante con fecha establecida, los días y las horas pasan con gran lentitud, o al menos así parece, de manera que en medio de sentimientos encontrados, la alegría de recibir a la novia griega y el nerviosismo natural por que todo saliera como estaba proyectado, el buen Timoteo llegó a Veracruz, muy trajeado no obstante el calor pero muy orgulloso

Foto 98. 40's

también por los logros alcanzados en tan poco tiempo y aguardar la llegada del vapor al puerto, que atracaría al día siguiente.

Viendo pasar en la terminal portuaria largas filas de gente y con el corazón cada vez más acelerado, Timoteo escudriñaba entre todos los rostros según iban apareciendo, de aquella enorme multitud que parecía no tener fin ni explicación de dónde salían tantos que llegaban de ultramar, algunos nerviosos, otros felices por arribar a tierra y allá a lo lejos, por fin observó una figura que le pareció familiar, alta, delgada, rubia que a medida que se acercaba, en una sincronización natural de miradas entre ambos, oh sorpresa, reconocía a la hermana de la que dejó en Grecia, quien mitad temerosa, mitad nerviosa, portaba en la mano su modesta valija como equipaje y en la otra sostenía un sobre que parecía carta cuyo destinatario era, naturalmente, Timoteo, que ahora plenamente reconocido por la chica, fue directamente hacia él, fundiéndose en un cariñoso y fuerte abrazo.

Sin más explicaciones la chica le entregó la carta cuyo remitente era el padre de las chicas quien le explicaba que no era posible "enviarle" a la que fue su novia y sin entrar en detalles le dijo que en vez de ella le entregaba para esposa a una de las hermanas, cosa que de inmediato y por mutuo consentimiento, en el lenguaje no hablado de las expresiones, sin reproches, sin objeciones, sin palabras innecesarias, ambos se aceptaron, de manera que estando alojado en un buen hotel de ese bello lugar que es el puerto de Veracruz y dándose las condiciones que el caso ameritaba, pasaron ambos del titubeante nerviosismo mutuo, al placentero y feliz momento de la luna de miel.

Una vez que pasó aquel trámite que duraría algunos días más, la joven pareja enfiló rumbo a la ciudad de México, en donde fijaron su hogar y procrearon varias hijas que a su vez formaron sus propias familias con jóvenes mexicanos.

Foto 99. 40's

En el mundo occidental del siglo XXI, éstas historias nos parecen exageradas o inverosímiles, sin embargo, la historia de la humanidad está llena de episodios como éstos y no se crea que solo en tiempos muy lejanos y sin temor a equivocarme, en esta era que vivimos de la ciencia y tecnología, se dan casos de acuerdos, a la manera de la "democracia dirigida" tan conocida por los mexicanos en la política, que en el caso de las bodas, hijos casaderos son encauzados para unirse por mil motivos.

De todas formas y como se quiera ver, no cabe duda de que hablar de bodas, de historias de matrimonios, de la unión hombre-mujer a través de los tiempos, es un tema fascinante y que desde siempre, su significado ha sido la simiente de la procreación y el origen de vastísimas sociedades que han poblado y pueblan al mundo, la perpetuación de la especie y la evolución del hombre, no como género sino de la humanidad entera.

Por todo ello, volviendo a la realidad y el espíritu de escribir acerca de las "novias de Josaphat", al tener en mis manos un tesoro fotográfico de tal calidad, producto de la genialidad del maestro de la lente, el llamado "mago de la luz", apuntalado en la estética por mujeres tan bellas como dignas y elegantes, representativas todas no solo de una importante etapa histórica de México, sino además de una disposición humana que marca cambios profundos en la vida de las sociedades del siglo XX en el país, que como un valor agregado no menos importante, que con solo verlas, provocan serenidad espiritual por su belleza y figura, resulta obligado mostrar tal tesoro de las artes gráficas en primer lugar a los mexicanos para orgullo de todos ellos y para el mundo como una manifestación de lo mejor de lo nuestro, la mujer mexicana.

Destacan también en la obra, que es igualmente admirable porque habla así mismo de lo bello y la exquisitez de las manos prodigiosas que siempre se han distinguido dentro y fuera de nuestras fronteras, las modistas, costureras y peinadoras

Foto 100. 40's

mexicanas, que a través de las fotografías nos permiten admirar su destreza y calidad de sus trabajos que en perfecta armonía, en una grata simbiosis con la belleza de las "novias de Josaphat" y con su cámara, en un espléndido juego de luces y sombras, llegan todos ellos a la vista y al espíritu.

CAPÍTULO XXI

LA VANIDAD, MOTOR DE LA MODA

La moda a través de la historia ha sido independiente de las guerras y de los problemas de la política. La vanidad es la vanidad, en las mujeres y hombres por igual. Es el gusto por estar actualizado en el vestir.

Ningún cronista en la materia narra con la suficiente abundancia de detalles cómo eran los vestidos de novia del siglo XIX y los cambios que se fueron dando hasta llegar a los albores del XX. De Josaphat, que es el personaje de "Las Mil y una Novias", se encontraron unas cuantas fotos de la primera década de ese siglo que durante el proceso revolucionario y el caos que provocó, no escaparon de la destrucción o extravío otros negativos de novias correspondientes a ésta década, pero con las que se hallaron, dan la idea de la influencia del siglo anterior y que persistió prácticamente durante la segunda década para cambiar notoriamente en los treinta como se puede ver claramente en las fotos de la obra.

Foto 101. 40's

CAPÍTULO XXII

LA MUJER MEXICANA CAMBIA

Observando las "Novias de Josaphat", una difícil selección de entre miles de negativos, se entiende con sólo verlas, el antes y el después no solamente respecto al vestido de novia, sino en la actitud, la disposición de la mujer mexicana, precursora de la modernidad y de los grandes cambios que se dieron en la sociedad mexicana a partir de la Revolución que en el país no sólo fue la armada, revolución en todo el sentido de la palabra. Su emancipación, su manera de ver las cosas y asumir los retos de la sociedad moderna y tecnológica.

En el siglo XX se empiezan a dar los grandes cambios en la mujer en todo el mundo no por la graciosa concesión del hombre, sino por la natural fuerza femenina reprimida durante siglos.

Se logra por fin, el voto femenino en la política en 1912 en Finlandia, primer país del mundo, no en otorgarlo, sino reconocerlo en estricto apego a la retrasadísima justicia y equidad de género.

Ese voto llega también a México por idénticas circunstancias en la década de los 50's durante el sexenio del presidente Adolfo Ruiz Cortines, retrasado respecto a Finlandia, pero orgullosamente adelante de muchos países.

Esas novias de las estupendas fotografías de Josaphat, ya tienen otras expectativas y una disposición completamente diferente a las mujeres mexicanas descritas por la Kolonitz y por la marquesa Calderón de la Barca.

Foto 102. 40's

En algunas partes de los relatos del siglo XIX, las cosas parecen no haber cambiado en México. La criminal deforestación y afectación de los bosques denunciados por los europeos que nos visitaron en los dos siglos pasados, parecen criterios tomados por una de tantas notas periodísticas actuales, ya entrados en el siglo XXI.

El derroche y duración de las grandes fiestas de los mexicanos en que el vino y las bebidas alcohólicas corrían como ríos, cuyos costos rebasaban la realidad económica del hombre común, tal y como ahora sucede.

Como dice la marquesa Calderón de la Barca, a mediados del siglo XIX de la gran cantidad de "léperos" que sin oficio ni beneficio deambulaban, como hoy, cometiendo toda suerte de excesos y ofendiendo a las damas a tal grado de hacer incómodos e inseguros los paseos a ciertas horas y en ciertos lugares.

Leyendo apuntes de aquellos extranjeros que nos visitaban y referían sobre las condiciones del México del siglo XIX, sus costumbres y la vida cotidiana de sus habitantes nos relatan, solamente habría que cambiar la fecha en ciertos aspectos, que a más de 150 años, no han cambiado, como si esos sectores de la vida en México no hubieran avanzado ni evolucionado o incluso como ahora están las cosas, se han agravado, en detrimento del mismo país.

No así con la mujer. La mujer en México se ha emancipado ocupando los lugares que en el siglo XIX o a principios del XX, serían impensables.

Algunas de las "Novias de Josaphat", ya daban cuenta de ese impulso por crecer en busca del desarrollo personal incursionando al principio en los estudios universitarios en las ramas de la abogacía, medicina, biología y docencia para continuar en otras más como profesionistas en diferentes ramas científicas y tecnológicas, incluyendo la actividad comercial y empresarial.

Foto 103. 40's

Para no ir tan lejos, Rosario, la esposa de Josaphat, tomó las riendas del estudio fotográfico en Puebla tan pronto retornaron de Nueva York, ocupándose exitosamente de todas las áreas como cualquier empresa moderna, ordenando escrupulosamente las órdenes fotográficas y archivando con pulcritud los negativos por categorías y fechas, de tal manera que ni soñando o imaginando lo que en el futuro serían las computadoras, desde entonces ubicaba con su sistema en cuestión de unos cuantos minutos o acaso segundos, negativos antiguos de dos o tres décadas atrás.

Así mismo llevaba las finanzas al pie de la letra con tal eficiencia que nosotros sus hijos disfrutamos de la estabilidad económica como consecuencia natural del trabajo en equipo entre el arte, talento y orden de una pareja ejemplar.

Nadie mejor que Rosario podría estar como encargada de las relaciones públicas en ese gran estudio haciendo de las frecuentes largas esperas, por lo abundante del trabajo, deliciosos momentos de charla con ella, conocida por todos como una excelente conversadora.

Tanto Josaphat como Rosario, nos hacían cavilar sobre las espantosas condiciones económicas y sociales que padeció México durante la Revolución, principalmente por la gran escasez de alimentos en que ni con dinero ni oro se podían conseguir, haciéndonos reflexionar sobre la época en que nos tocó vivir como familia, aún durante la Segunda Guerra Mundial en que las economías del mundo estaban alteradas y empobrecidas, nosotros pudimos vivir bien gracias a la maravilla del país que ha sido y es México.

Indiscutiblemente que los excelentes trabajos de Josaphat le permitieron abrirse paso en esa época difícil en que el estudio fotográfico marcó huella y trascendió no solamente en la historia de las artes gráficas, sino en la historia de la Ciudad de Puebla.

Foto 104. 40's

Rosario bien pudiera decirse, que al igual que otras mujeres en México, personificaron el cambio femenino que actualmente vemos cotidianamente en la actitud de la mujer, representando el parte aguas de la historia del país.

Mujeres que nacieron en los albores del siglo XX pero que fueron educadas dentro de un sistema sumamente rigorista hacia ellas, machista y sin alternativas de desarrollo personal como no fuera a traer al mundo niños, educarlos y vivir para servir exclusivamente al marido y al hogar, sometida y muchas veces maltratada sin oportunidades de estudio ni otra actividad externa.

Mujeres que recibieron una educación idéntica tal vez como en los tiempos de Hidalgo, Juárez o Porfirio Díaz.

Esas mujeres se atrevieron sin embargo, a romper esquemas y demostraron a propios y extraños que no solo supieron traer chamacos al mundo, educarlos y ordenar el hogar impecablemente sino que también demostraron su gran capacidad como profesionistas o empresarias como lo fueron muchas de las "novias de Josaphat", en que además de reconocerles su belleza, su talento y buen vestir, hay que agregar el valor para atreverse a hacer lo que unos años atrás de la época que les tocó vivir, era inimaginable y que con su vital decisión ayudaron a cambiar la historia de México.

Que ésta obra sirva de homenaje al artista fotógrafo que fue Josaphat pero también a la mujer mexicana representada por estas novias, bellas, valientes y talentosas.

Foto 105. 40's

Foto 106. 40's

Foto 107. 40's

Foto 108. 40's

Foto 109. 40's

Foto 110. 40's

Foto 111. 40's

Foto 112. 40's

Foto 113. 40's

Foto 114. 40's

Foto 115. 40's

Foto 116. 40's

Foto 117. 40's

Foto 118. 40's

Foto 119. 40's

Foto 120. 40's

Foto 121. 40's

Foto 122. 40's

Foto 123. 40's

Foto 124. 40's

Foto 125. 40's

Foto 126. 40's

Foto 127. 40's

Foto 128. 40's

Foto 129. 40's

Foto 130. 40's

Foto 131. 50's

Foto 132. 50's

Foto 133. 50's

Foto 134. 50's

Foto 135. 50's

Foto 136. 50's

Foto 137. 50's

Foto 138. 50's

Foto 139. 50's

Foto 140. 50's

Foto 141. 50's

Foto 142. 50's

Foto 143. 50's

Foto 144. 50's

Foto 145. 50's

Foto 146. 50's

Foto 147. 50's

Foto 148. 50's

Foto 149. 50's

Foto 150. 50's

Foto 151. 50's

Foto 152. 50's

Foto 153. 50's

Foto 154. 50's

Foto 155. 50's

Foto 156. 50's

Foto 157. 50's

Foto 158. 50's

Foto 159. 50's

Foto 160. 50's

Foto 161. 50's

Foto 162. 50's

Foto 163. 50's

Foto 164. 50's

Foto 165. 50's

Foto 166. 50's

Foto 167. 50's

Foto 168. 50's

Foto 169. 50's

Foto 170. 50's

Foto 171. 50's

Foto 172. 50's

Foto 173. 50's

Foto 174. 50's

Foto 175. 50's

Foto 176. 50's

Foto 177. 50's

Foto 178. 50's

Foto 179. 50's

Foto 180. 50's

Foto 181. 50's

Foto 182. 50's

Foto 183. 50's

Foto 184. 50's

Foto 185. 50's

Foto 186. 50's

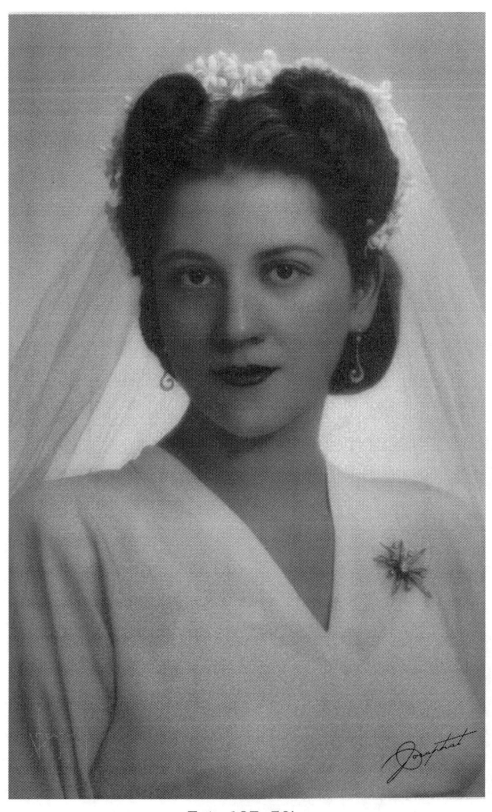

Foto 187. 50's

Foto 188. 50's

Foto 189. 50's

Foto 190. 50's

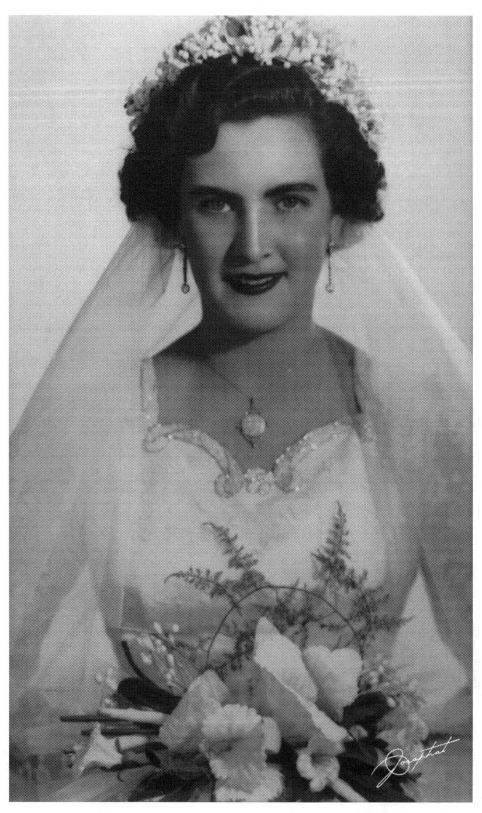

Foto 191. 50's

Foto 192. 50's

Foto 193. 50's

Foto 194. 50's

Foto 195. 50's

Foto 196. 50's

Foto 197. 50's

Foto 198. 50's

Foto 199. 50's

Foto 200. 60's

Foto 201. 60's

Foto 202. 70's

Foto 203. 70's

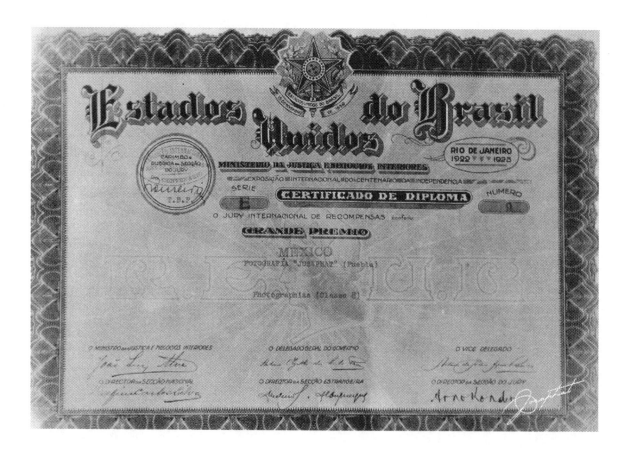